BASTEI LÜBBE

Marc Schürmann
Till Krause
Manuel Kostrzynski

Baby an Bord!

133 kleine Lügen des Alltags und was sie wirklich bedeuten

BASTEI LÜBBE

BASTEI LÜBBE TASCHENBUCH
Band 60931

Originalausgabe

Titelillustration: Manuel Kostrzynski
Umschlaggestaltung: Manuel Kostrzynski
Gesetzt aus der Aperçu
Druck und Verarbeitung: GGP Media GmbH, Pößneck
Printed in Germany
ISBN 978-3-404-60931-4

2 4 5 3 1

Sie finden uns im Internet unter www.luebbe.de
Bitte beachten Sie auch: www.lesejury.de

Vorwort

Seriöse Studien gehen davon aus, dass ein Erwachsener im Laufe eines Tages durchschnittlich zweimal bewusst lügt. Angesichts der erheblichen Summe von Menschen und Tagen kann man damit sagen, dass ziemlich viele Lügen in die Welt gesetzt werden.

Wir haben uns gefragt: Wie sähe diese Welt aus, wenn sie ehrlich wäre? Im privaten Bereich mag jeder seine eigene Antwort darauf finden, was geschähe, wenn er auf die Fragen »Wie schmeckt mein Holunderauflauf?« und »Liebst du mich noch wie am ersten Tag?« gradlinig antworten würde. Uns hat in diesem Buch stärker der öffentliche Raum interessiert, zumal der mehr Lügen erzählt, als es jeder Partner oder Chef könnte.

Viele dieser öffentlichen Lügen sind ein so gewohnter Anblick, dass man sie kaum noch als Lügen erkennt. Sie gehören halt dazu, sind emblematisch geworden, ein Teil der Alltagskultur; so wie man weiß, dass der verachtete Kollege es nicht so meint, wenn er einen »Guten Morgen« wünscht, so weiß man natürlich, dass der Bauträger es nicht so meint, wenn er auf dem Schild an der Autobahn ankündigt, die Großbaustelle werde in fünf Monaten verschwunden sein: Es sind Lügen, die so selbstverständlich geworden sind, dass sie zu Floskeln gerinnen.

Das gilt, wie dieses Buch zeigt, für Straßenschilder ebenso wie für Verpackungen, Protestplakate, Handysymbole, Fernsehprogramme, Fußmatten, Tachometer, Flugpläne, Fußballfelder, Sternbilder, Mützen, Parkscheiben, Uhren, Briefkästen, Gummibärchen, Dartscheiben und Kühe. An diesen und etlichen anderen Beispielen haben wir die Lügen des Alltags gesucht, gefunden – und dann in Wahrheit übersetzt. Wir finden nun: Wäre die Welt stets aufrichtig, würde sie nicht unbedingt zu einem besseren Ort. Aber zu einem sehr unterhaltsamen.

Und nun wünschen wir Ihnen viel Freude an diesem Buch. Ganz ehrlich.

Was am Gartentor steht

Warnung vor dem Hunde!

Lüge

Wir haben keinen Hund, hassen aber alle Menschen.

Wahrheit

Wie man seine Zähne pflegt

Lüge

Wahrheit

Wie Müll getrennt wird

Lüge

Wahrheit

Pling!

Lüge

1.475 neue E-Mails
im Posteingang

Wahrheit

0 neue E-Mails, wenn man
Werbung, Spam und Newsletter
nicht mitzählt

Was am Taschenmesser alles dran ist ...

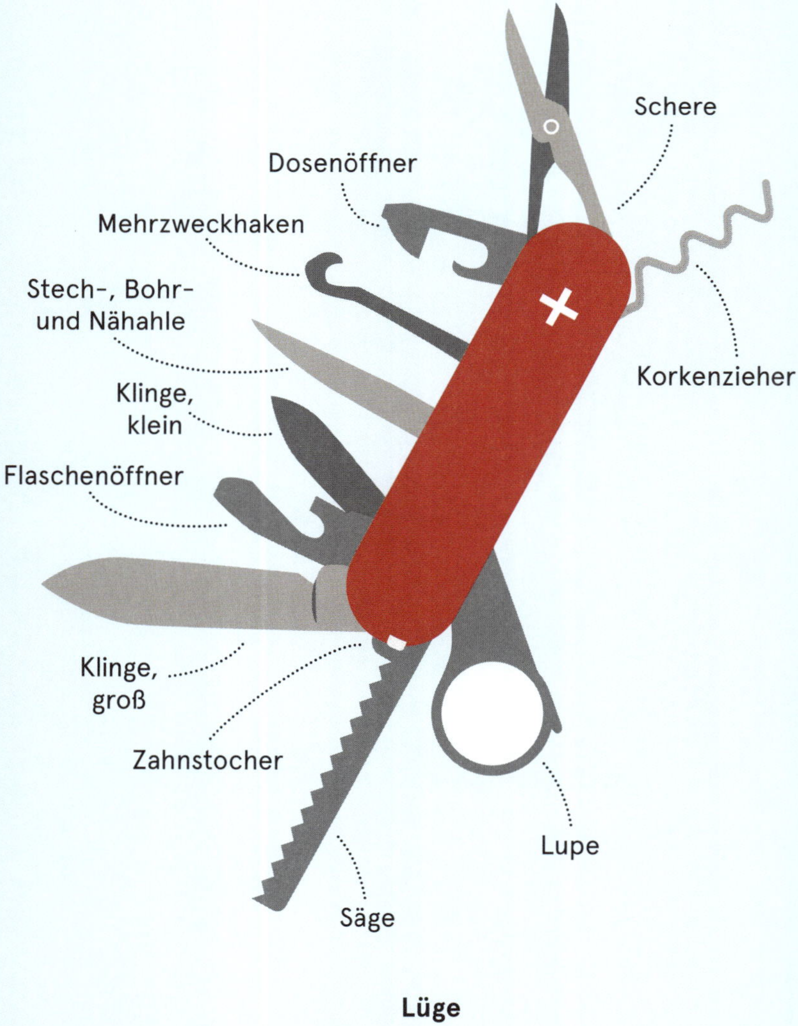

… und wie es genutzt wird

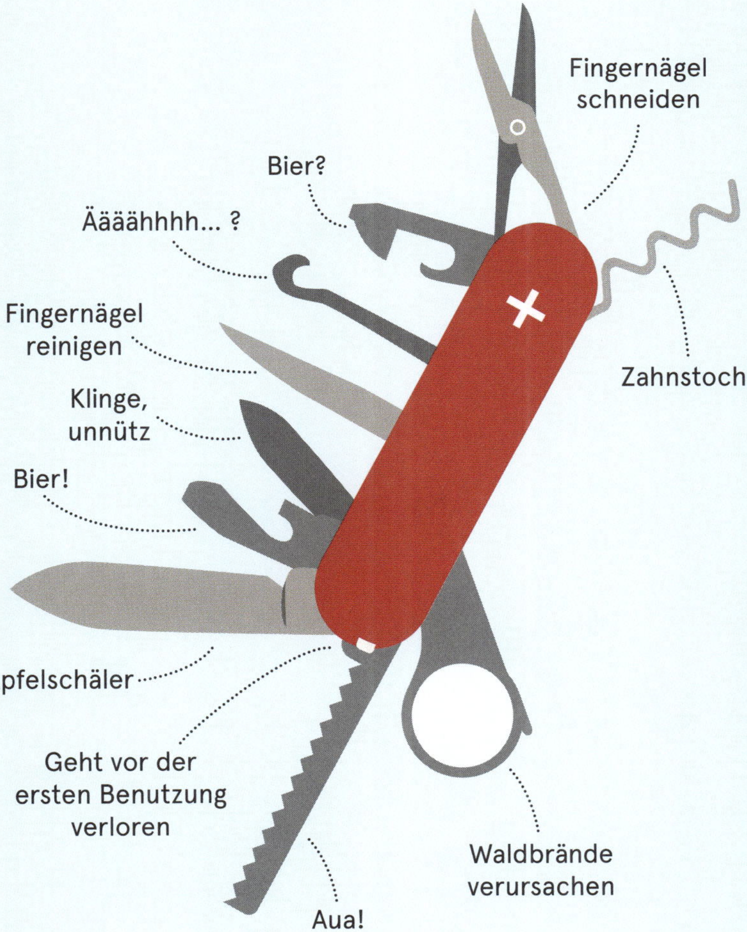

Wahrheit

Wie Pflaster bei Kindern helfen

Lüge: Normales Pflaster
Wahrheit: Foltermittel – Hat beim Aufkleben einen Wutanfall zur Folge

Lüge: Motiv-Pflaster
Wahrheit: Wundermittel – Jede Schramme tut plötzlich nicht mehr weh

Gesundheit!

Lüge

Wahrheit

Was einem im Sommer ...

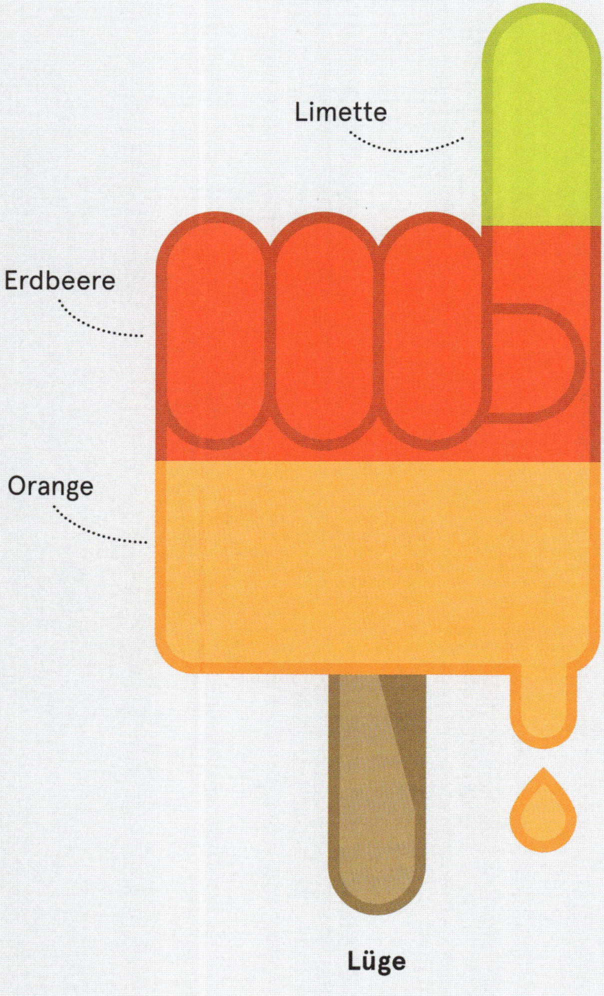

… auf der Zunge zergeht

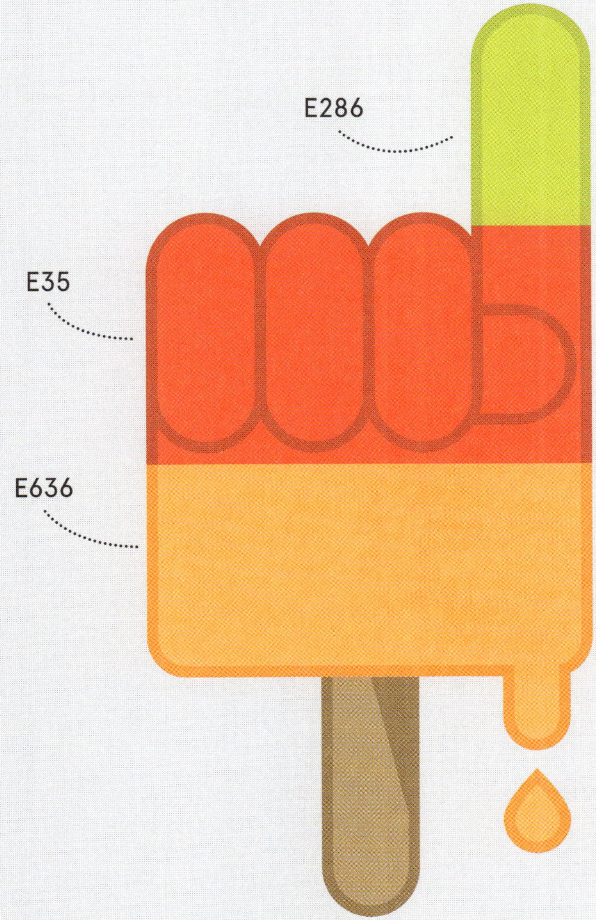

Wahrheit

An der Windschutzscheibe

Lüge

Wahrheit

Was aus Vorsätzen für das neue Jahr wird

Guten Rutsch

Lüge

Wahrheit

Was Makler-Annoncen bedeuten

München

Lüge: Bezahlbare Terrassenwohnung direkt am Zentrum zu vermieten.

Wahrheit: Terrassenwohnung direkt am Zentrum zu vermieten. (Wir meinen das Baustoffzentrum 30km südlich von München.)

Mecklenburgische Seenplatte

Lüge: Saniertes Bauernhaus zu verkaufen. Nur einen Steinwurf vom Müritzsee entfernt.

Wahrheit: Bauernhaus zu verkaufen. Sie können einen Stein doch 8 Kilometer weit werfen?

In die Irre geführt

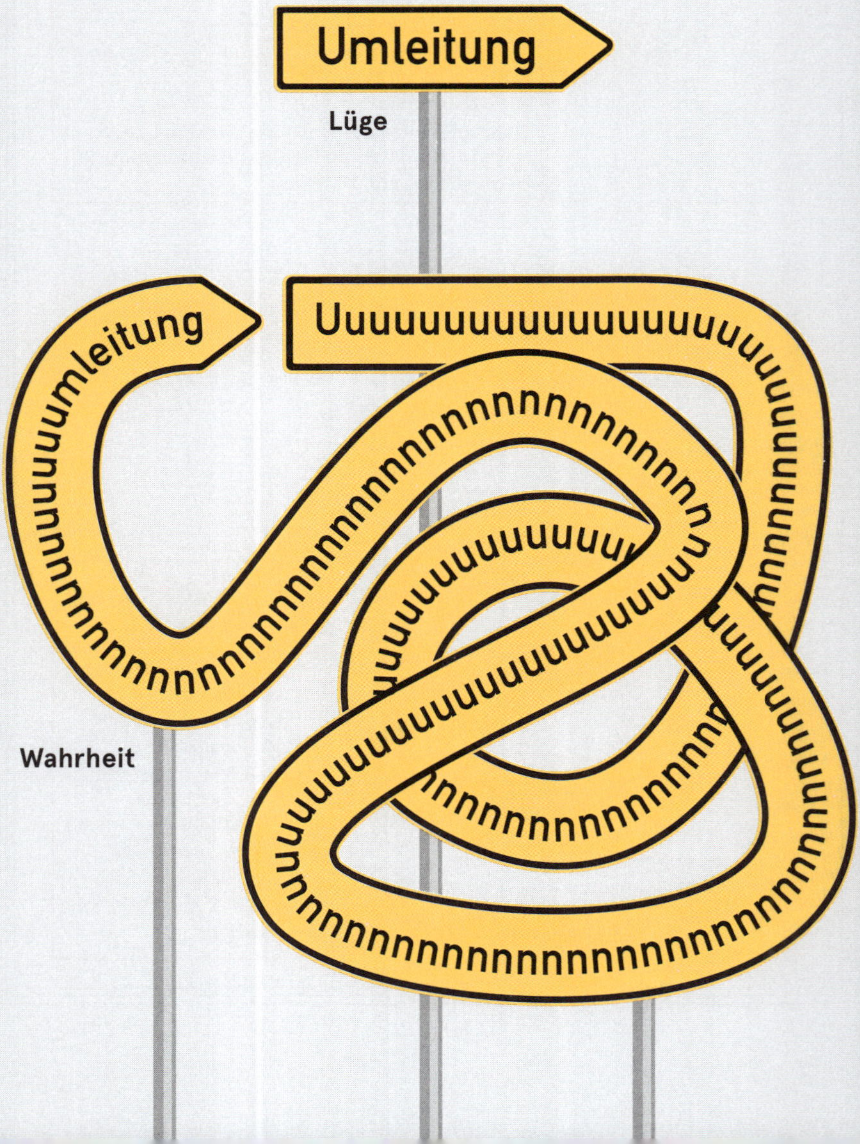

Die Wahrheit über Fanschals

Wie Snackautomaten funktionieren

Lüge

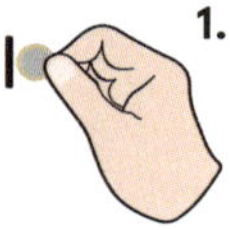

1. Geld einwerfen

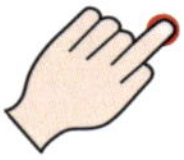

2. Ware wählen

3. Ware entnehmen

Wahrheit

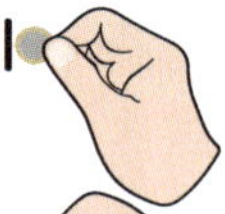

1. Geld einwerfen

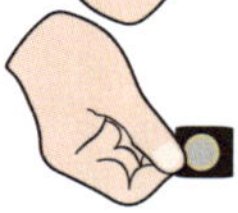

2. Geld aus Auswurfschacht nehmen

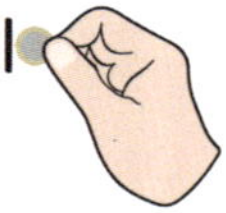

3. Geld einwerfen

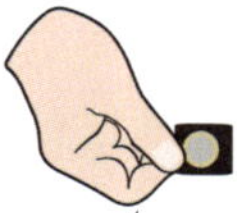

4. Geld aus Auswurfschacht nehmen

5. Gegen Automaten treten

6. »Außer Betrieb«-Schild entdecken

Wann man in den Supermarkt kommt

Öffnungszeiten

Mo-Fr: 8:00 – 20:00 Uhr

Sa 8:00 – 16:00 Uhr

Lüge

Öffnungszeiten

Mo-Fr: 8:00 – 19:54 Uhr

Sa 8:00 – 15:50* Uhr

*** Appetitliche Ware von 9.30 bis 10 Uhr**

Wahrheit

Was man in die Tonne schmeißt

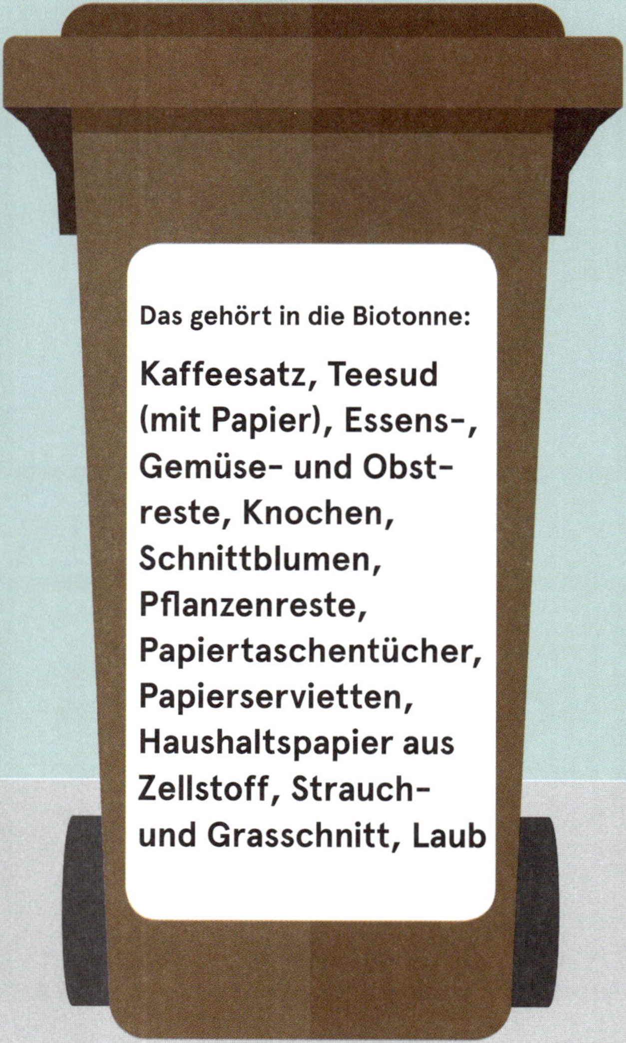

Lüge

Was man wirklich in die Tonne schmeißt

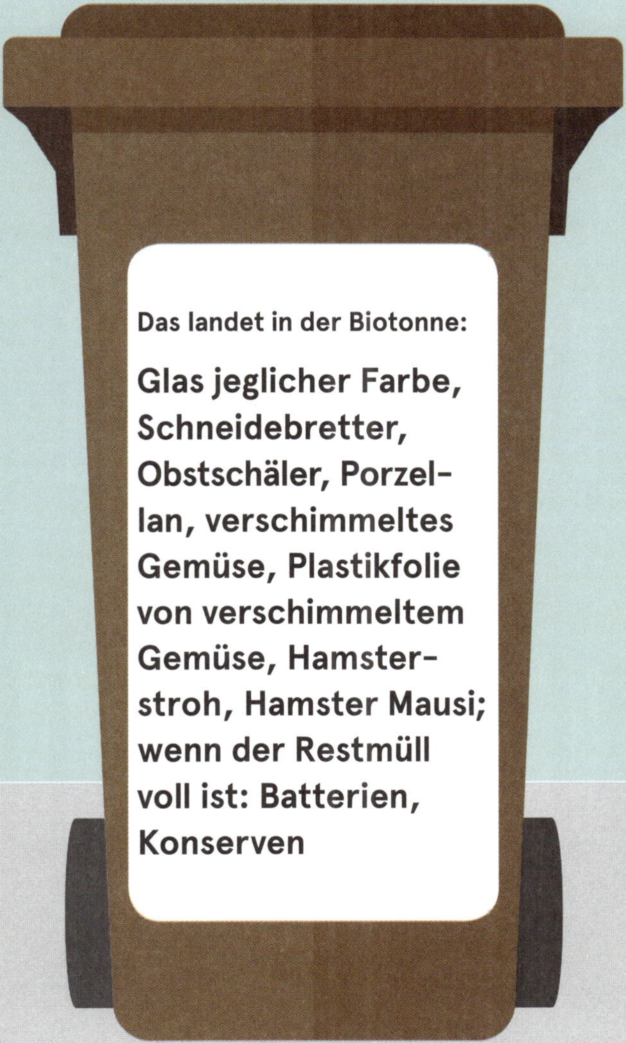

Wahrheit

Wir wünschen Ihnen einen angenehmen Flug

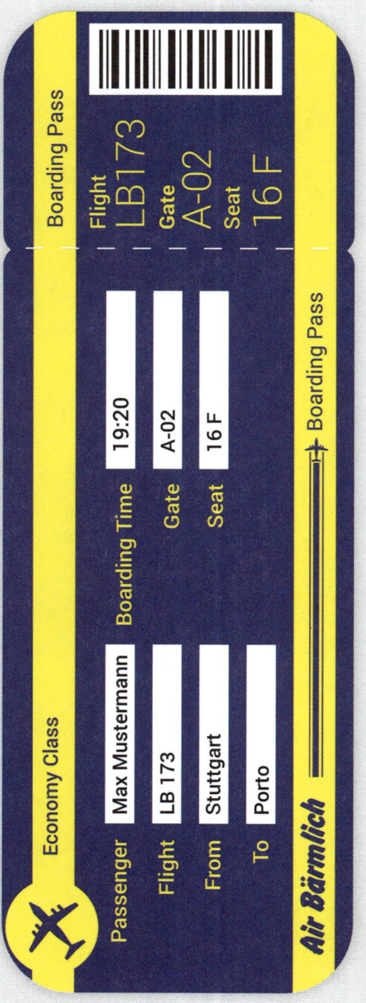

Lüge

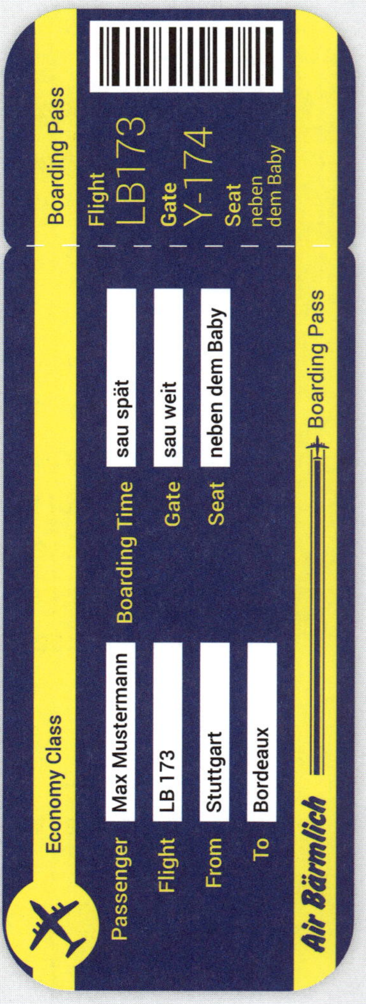

Wahrheit

Der Rückwärtsgang im Gebrauchtwagen

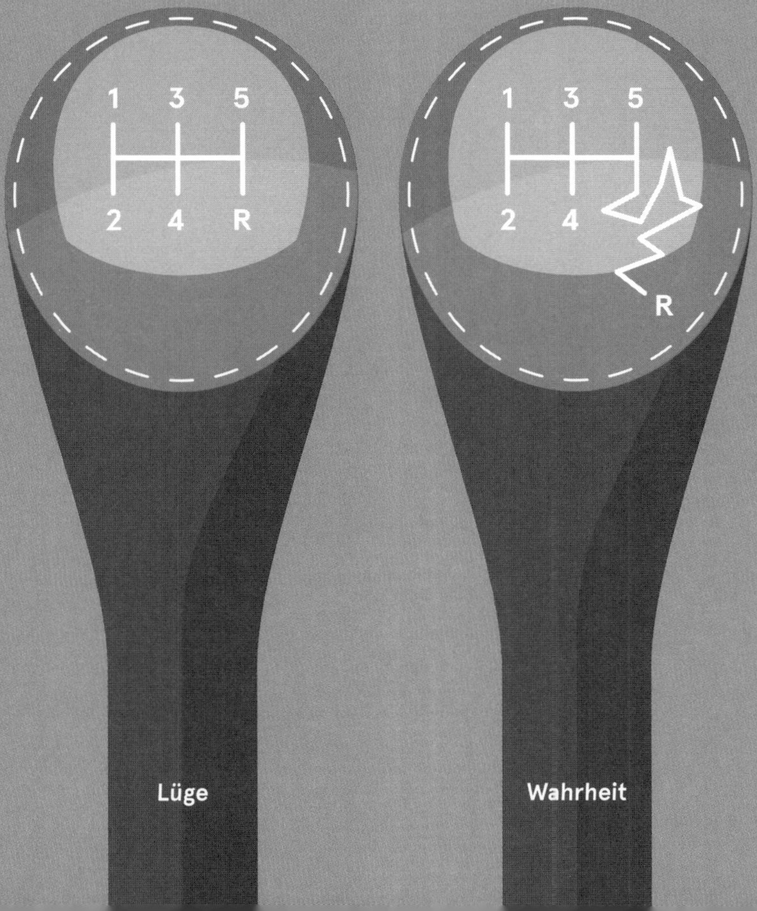

Was der Ladebalken verschweigt

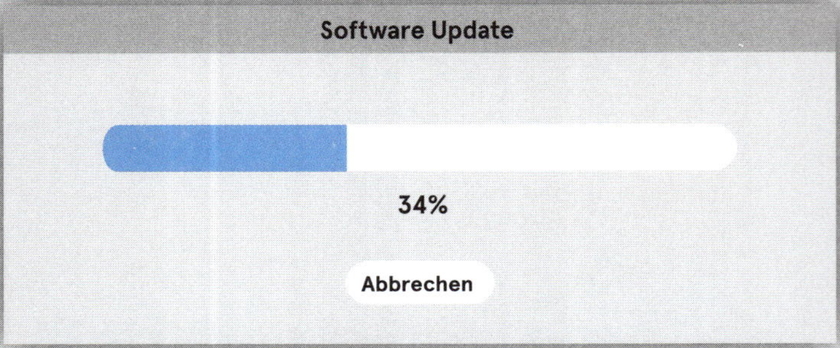

Lüge

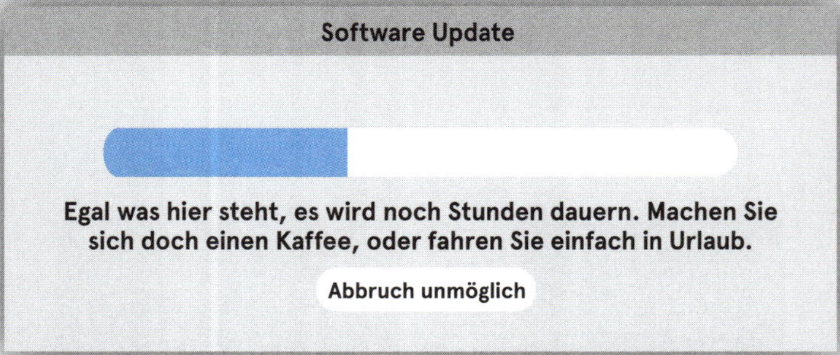

Wahrheit

Haftbefehl

Lüge

Wahrheit

Internationale Steckdosen

Lüge: China
Wahrheit: Den Adapter werden Sie niemals dabeihaben

Lüge: USA
Wahrheit: Hier wird Ihnen auch das Hotelpersonal nicht weiterhelfen

Lüge: Schweiz
Wahrheit: Will nach Hause telefonieren

Lüge: Kanada
Wahrheit: Verkehrs-polizist

Lüge: Grönland
Wahrheit: Süüüüüüüüüüüüüß!

Lüge: Australien
Wahrheit: Bitte töte mich nicht!

Die Wahrheit des Grillanzündens

Geil! Gleich gibt's Fleisch!

Ich wollte die Bio-Anzünder
ja nicht kaufen.

Nächstes Mal nehme ich
einfach wieder Spiritus.

Ah! Da kokelt doch was ...

Aua! Aua! Aua! Aua!

Was am Notausgang hängt

Lüge

Wahrheit

Was Haustiere eigentlich meinen

Lüge: »Miau!«

Wahrheit: »Streichel mich!« oder »Geh weg!« oder »Ich hab Hunger!« oder »Wer zur Hölle sind Sie?«

Lüge: »Wuff!«

Wahrheit: »Kümmer dich um mich! Los! Ich will spielen! Und Pipi! Und Kacka! Sind wir nicht in Berlin? Komm, dann musst du doch nur kurz die Tür aufmachen! Wo ist eigentlich der Ball? He, ist das ein Ball in deiner Hand? Geil! Geil!«

Was Ampelfarben bedeuten

Ein ganz
edler Tropfen
CHATEAU MAGNIFIQUE
GRAND CRU
SAINT MATILDE
MIS EN BOUTEILLE AU CHATEAU
Lüge
SCHLOSS SCHÄDEL
ROT »WEIN«
MÜHLHEIM / RUHR
MIS EN BOUTEILLE AU FABRIQUE
Wahrheit

Besorgter …

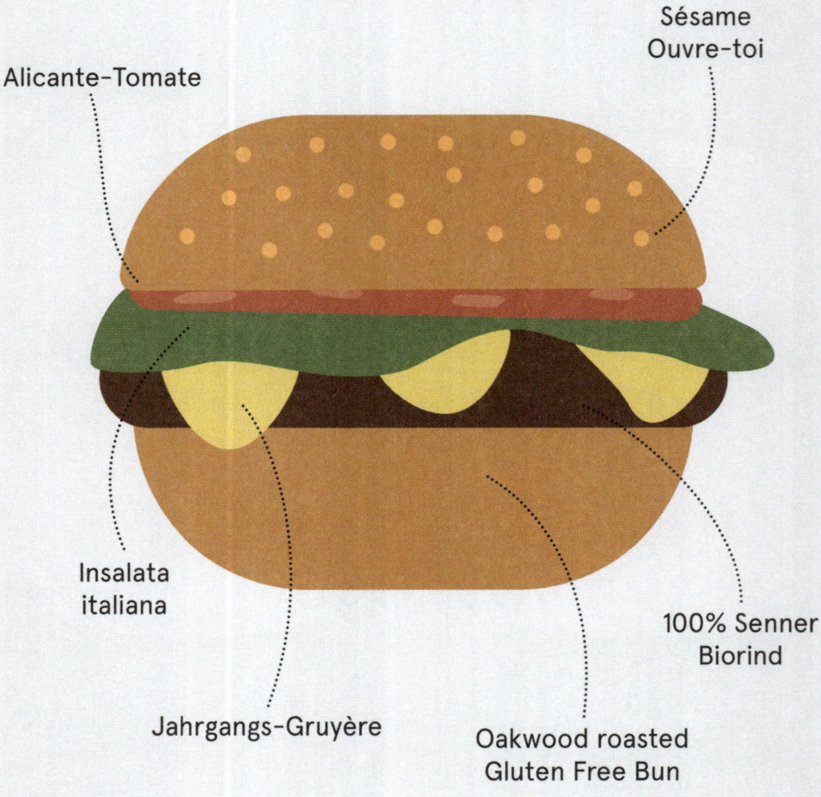

Lüge

… Burger

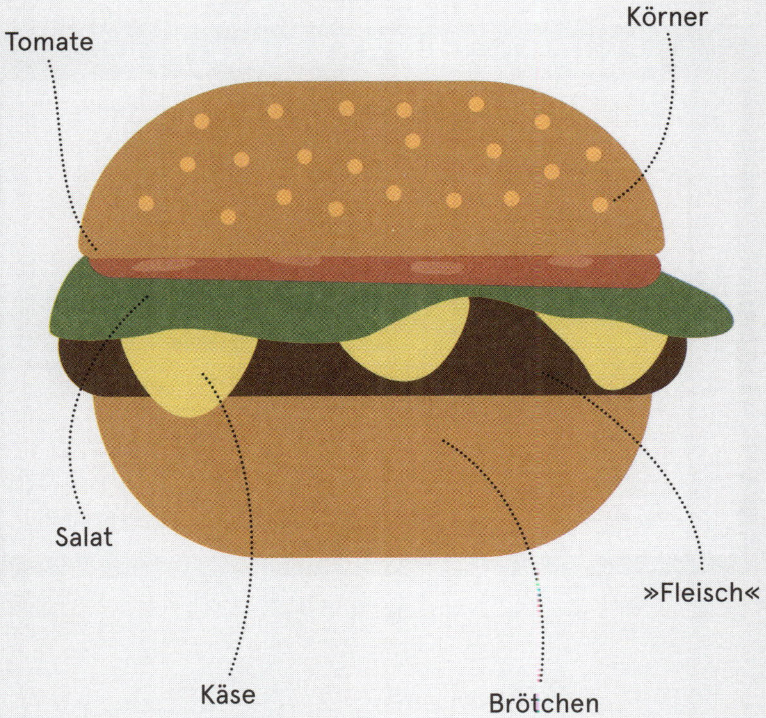

Wahrheit

Nix wie …

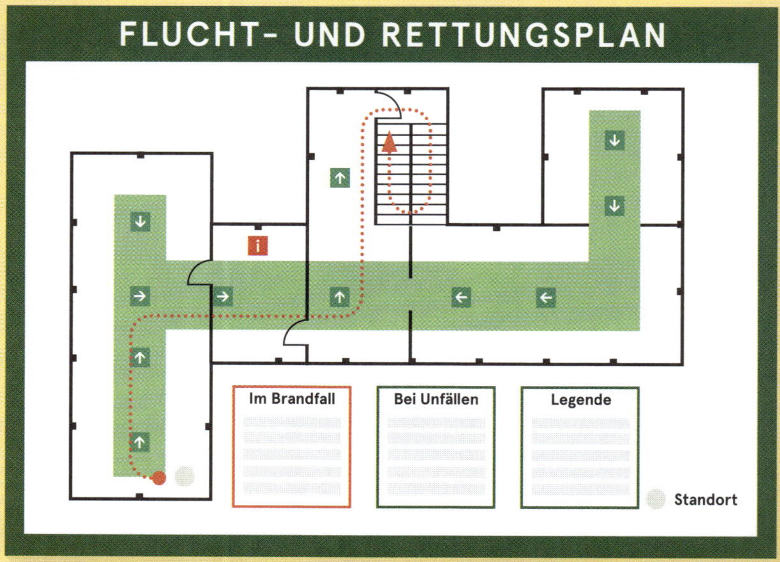
FLUCHT- UND RETTUNGSPLAN
Im Brandfall
Bei Unfällen
Legende
Standort

Lüge

... raus hier

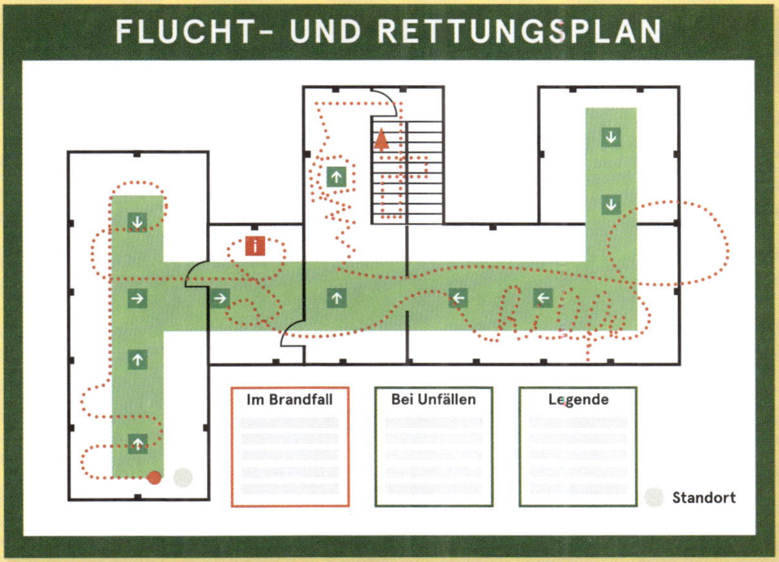

Wahrheit

Fußball an der Spielkonsole

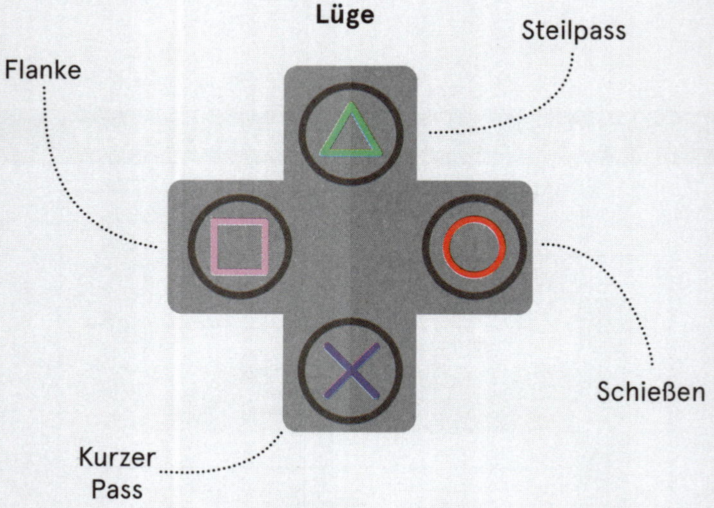

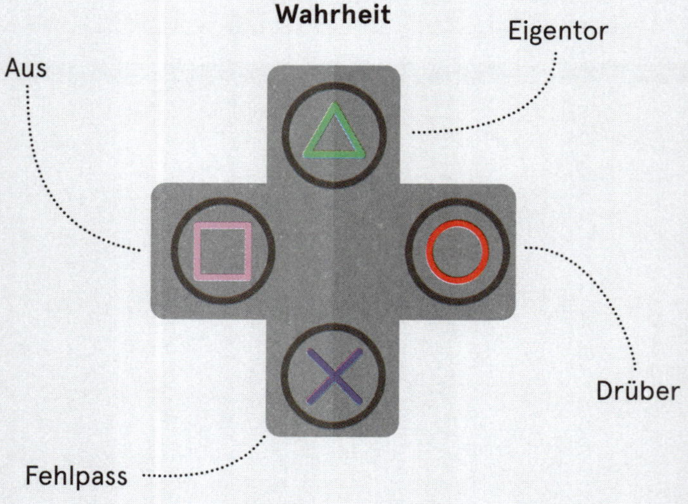

Was Aufkleber auf Paketen bedeuten

Was Figuren auf Hinweisschildern denken

Fuck!
Fuck!
Fuck!
Fuck!

Wann Sie hier parken können

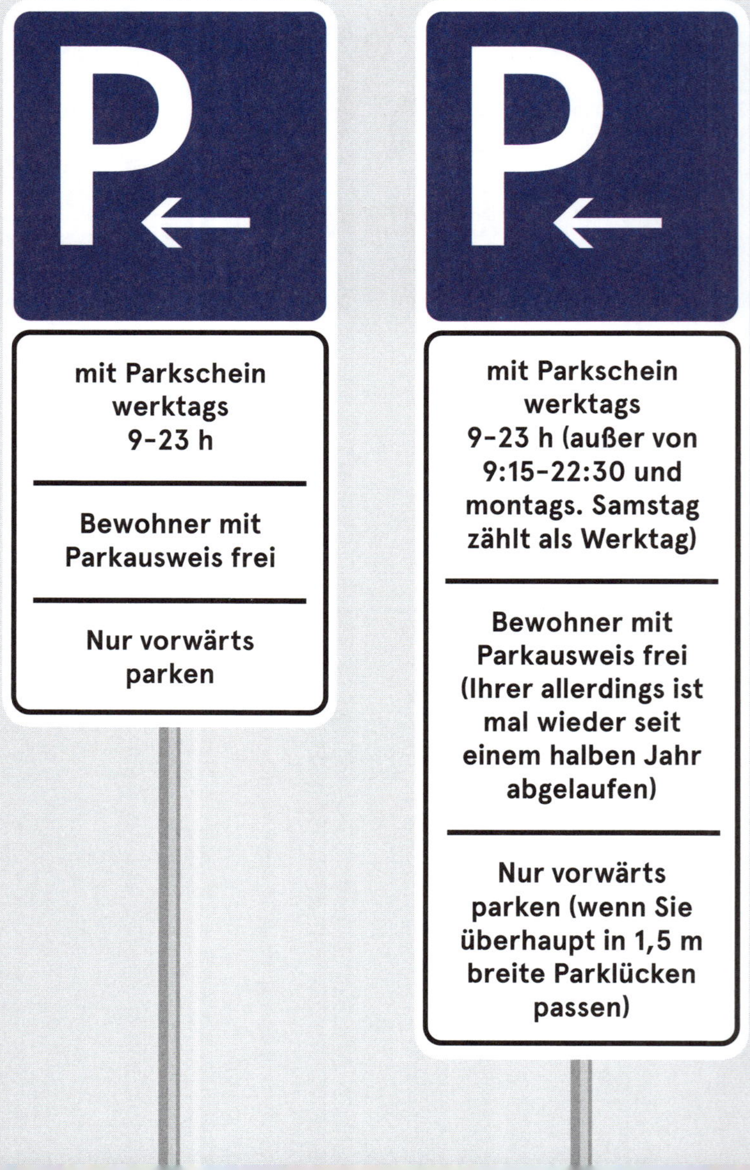

Was Geschirrspültabs wirklich können

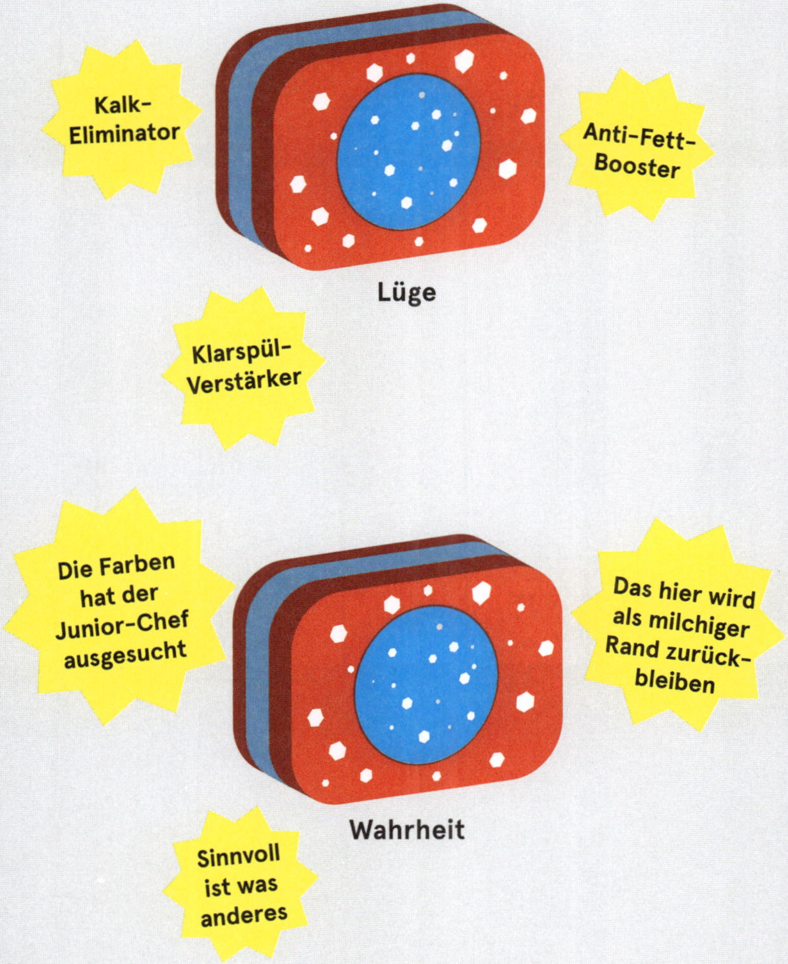

Was die meisten Menschen …

Lüge

... über Klaviertasten wissen

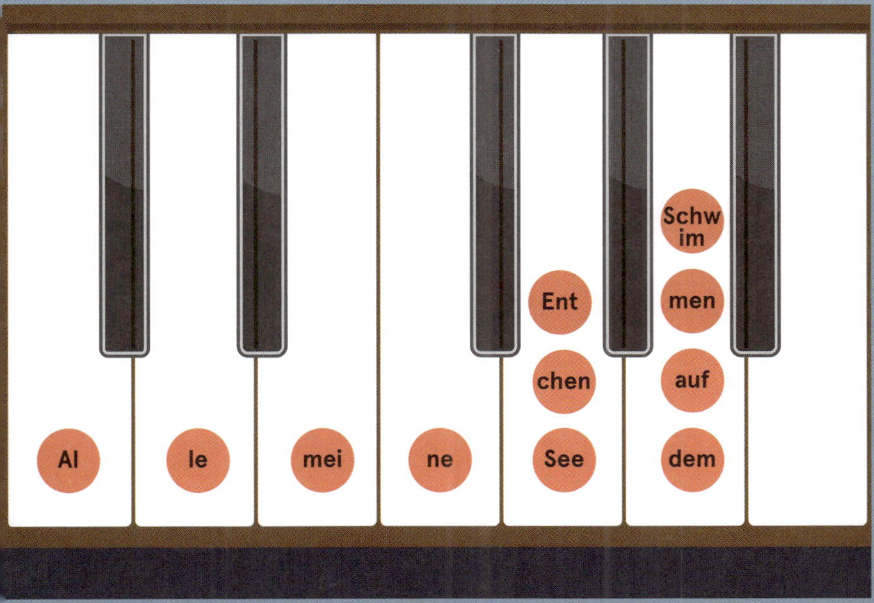

Wahrheit

Was Plakate ...

So geht's nicht weiter!
Wir sind das Volk!
RENTEN RAUF! JETZT!
Wer soll das bezahlen?
Immer auf den kleinen Mann
Bin dagegen!

... wirklich bedeuten

Was hinter dieser Sprechblase steckt

Lüge

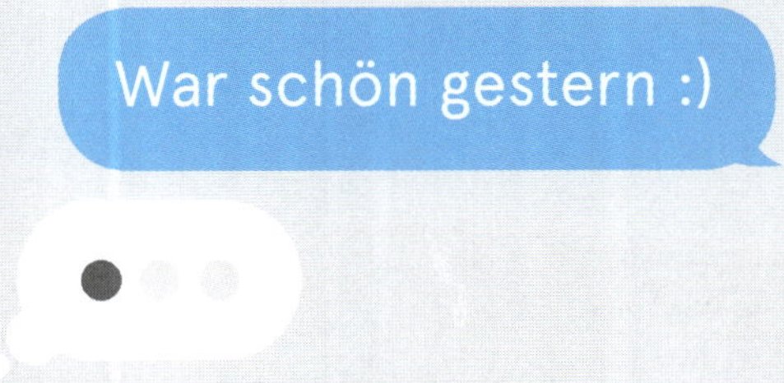

(Bin gerade dabei zu antworten.)

Wahrheit

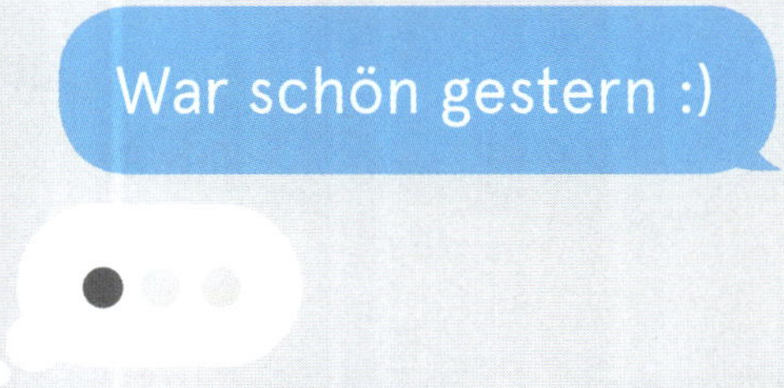

(Mist, sieht er jetzt, dass ich's gelesen habe? Ich muss irgendwas antworten ...)

Ach komm, Computer

Lüge

Warten Sie kurz.

Wahrheit

1. Öffnen Sie ungeduldig noch ein anderes Programm.
2. Noch eins.
3. Klicken Sie wild herum.
4. Auch mit der rechten Maustaste.
5. Starten Sie den Computer nach dem Absturz neu.

Zimmer frei

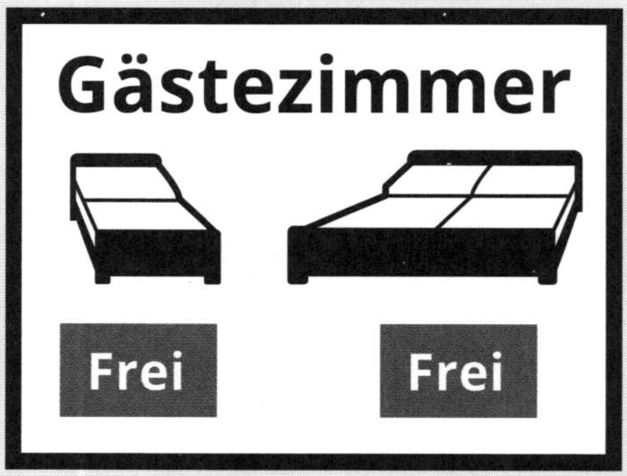

Lüge

Wahrheit

Ordnung müsste sein

Einkommensteuer 2015 ff.,
Altersvorsorge/Krankenkasse

Zettel durcheinander ab
irgendwann (teilweise gelocht)

Lüge

Wahrheit

Was Smartphone-Anleitungen meinen

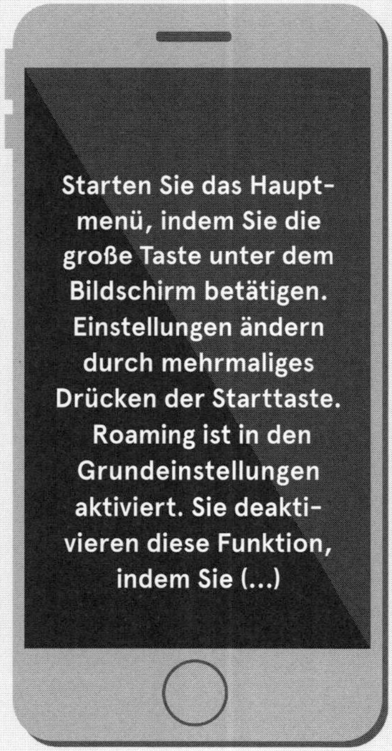

Lüge

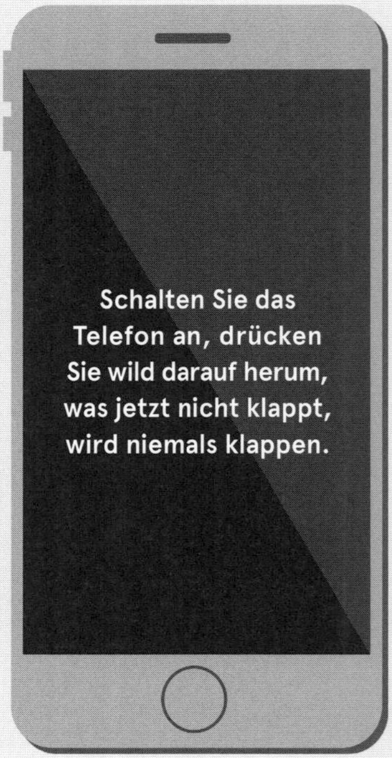

Wahrheit

Was dieses Schild auf Lastwagen bedeutet

SCHWERTRANSPORT

Lüge

JETZT GIBT'S STAU

Wahrheit

Ein Angeber …

Fontane – Effie Briest
Kafka – Der Prozess
Tolstoi – Krieg und Frieden
JOYCE – ULYSSES
Thomas Mann – Die Buddenbrooks
Goethe – Gesammelte Werke
Dostojewski – Schuld und Sühne

… wie er im Buche steht

Was läuft heute eigentlich im Fernsehen?

Samstag, 23. August

	news-tv		*news-tv*
20:00	**Nachrichten** Stündlich informieren wir Sie über das Neueste aus aller Welt	20:00	**Nachrichten** +++LIVE: AHNUNGSLOSE MENSCHEN MIT MIKRO-FONEN IM WIND+++
20:15	**Einfach Genial!** Bahnbrechende Erfindungen, die die Welt in Atem halten	20:15	**Flugzeugträger Folge 234** Verwackelte Aufnahmen von Männern mit großen Kopfhörern
20:40	**History-TV** Geschichte der Menschheit in allen Epochen	20:40	**Hitler** Hitler, Hitler, Hitler, Hitler, Hitler, Goebbels, Hitler

Lüge **Wahrheit**

Samstag, 23. August

	t·r·lll		t·r·lll
20:00	**Nachrichten** Das Wichtigste vom Tag in aller Kürze	20:15	**Nachrichten** Neues Foto von Justin Biebers Po aufgetaucht
20:15	**Partnertausch** Markus und Stefan wagen das größte Abenteuer ihres Lebens	20:30	**Voyeur-TV** Zurschaustellen von Leuten, die unsere Knebelverträge nicht verstehen
20:55	**Best Friends Forever** Die neuen Erlebnisse von Christie und ihren Freunden in New York	20:55	**Best Deal Ever** Die billigste Serie, die es jemals auf dem Markt gab (Wiederholung)

Was dieser Aufsteller im Hotelzimmer bedeutet

Lüge

Wahrheit

Wie das mit der Bio-Schokolade ist

Lüge

Wahrheit

Not am Mann

Lüge

Wahrheit

Unser Schokoladenkonsum ...

Lüge

... beim Adventskalender

Was der Tacho uns sagen will

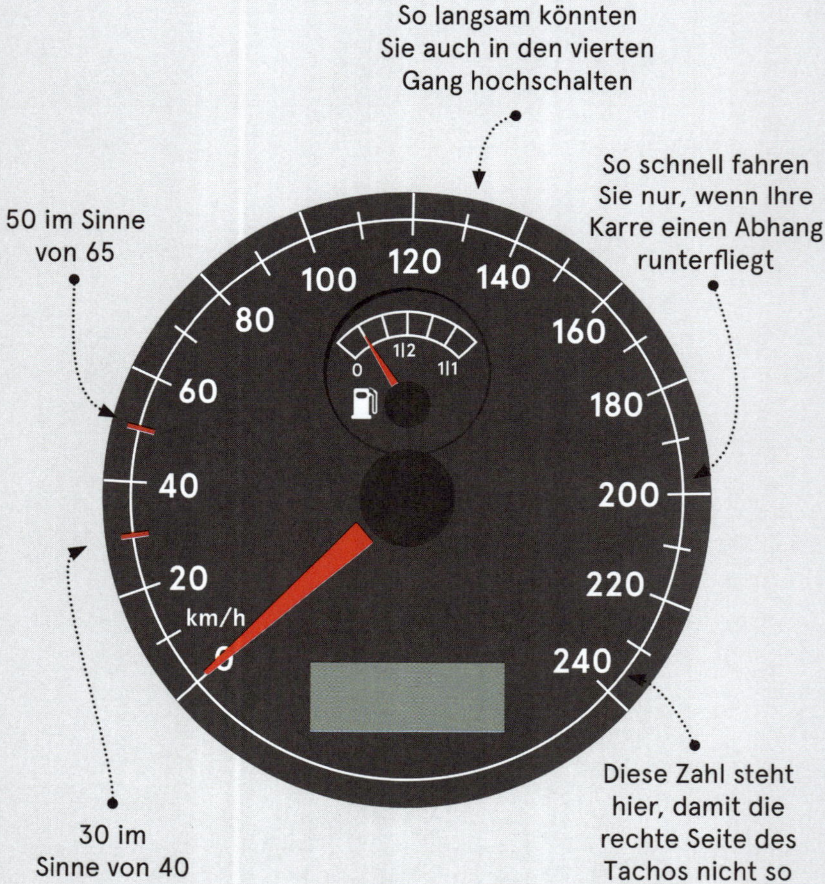

Was beim Metzger in der Auslage liegt

Lüge

1. Kamm, Nacken, Hals
2. Fehlrippe, Hohe Rippe
3. Roastbeef
4. Filet
5. Hüfte, Blume
6. Unter- und Oberschale
7. Kugel
8. Düngung, Bauch
9. Spannrippe, Querrippe
10. Brust, Brustspitze,
11. Bug, Schulter, Blatt
12. Vorder- und Hinterhesse
13. Schwanz

Wahrheit

13 Gründe für Männer, sich bei 37 Grad im Schatten stundenlang vor glühende Kohlen zu stellen

Was Käppis über den Träger aussagen

Lüge

Ich interessiere mich für Baseball.

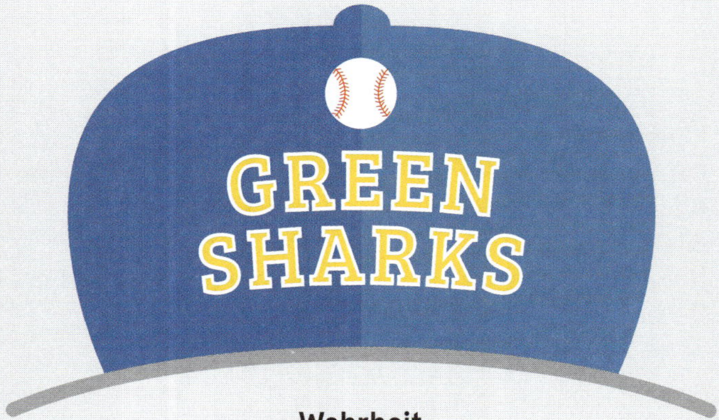

Wahrheit

Ich habe noch nie ein Baseballspiel gesehen, aber bei denen spielt doch dieser, äh, Dieter Nowitzki, oder?

Was Fluglinien versprechen

Ihr Urlaub beginnt hier in Frankfurt

MALLORCA

- Gepäck inklusive
- Enorme Beinfreiheit
- Verpflegung an Bord
- Europas modernste Flugzeugflotte

ab 9.95 €

Air Bärmlich

Lüge

Ihr Urlaub beginnt hier in Frankfurt*

MALLORCA

- 1 kg Gepäck inklusive
- Enorme Beinfreiheit (für Menschen unter 160cm)
- Sie haben doch Brotzeit dabei?
- Europas modernste Flugzeugflotte (Stand: 1991)

ab 9.95 €

Air Bärmlich

* Frankfurt ist vielleicht nicht ganz korrekt. Der Abflugort beginnt auch mit einem F und liegt auch in Deutschland. Fast. Nahes Ausland. Geltendes EU-Recht gestattet uns aber, hier oben groß Frankfurt hinzuschreiben.

Wahrheit

Was auf Fußmatten steht

Lüge

Wahrheit

Wie man sich an der Ampel so herumdrückt

Lüge

Wahrheit

Was Gäste in Talkshows sagen

»Frau Will, es ist doch so …«

»Also dazu muss ich sagen …«

»Was mir in dieser Diskussion fehlt, ist Folgendes …«

»Zwei Drittel der 9% aller saarländischen Wähler …«

»Dieses Thema liegt mir in letzter Zeit sehr am Herzen.«

»Das können Sie doch gar nicht beurteilen!«

»Wenn ich mal kurz ausreden dürfte …«

Lüge

Was sie sagen müssten

»Sind Sie jetzt Anne Will oder die Maischberger?«

»Dazu kann ich überhaupt nichts sagen.«

»Warum reden wir eigentlich nicht die ganze Zeit über mein Buch?«

»Zahl! Blabla! Zahl!«

»Mir ist sehr langweilig seit meinem Rücktritt.«

»Das kann ich doch gar nicht beurteilen!«

»Ich möchte einen zwanzigminütigen Monolog halten.«

Wahrheit

Letzter Aufruf

Departures

Time	To	Gate	Schedueld
14:35	LONDON	A17	ON TIME
14:35	BUENOS AIRES	B25	ON TIME
14:40	PARIS	C14	ON TIME
14:40	NAIROBI	A03	ON TIME
14:40	PADERBORN	A23	ON TIME
14:45	NEW YORK	C08	ON TIME
14:50	RIO DE JANEIRO	A12	ON TIME

Lüge

Departures

Time	To	Gate	Schedueld
14:35	NICHT DEIN FLUG	A17	ON TIME
14:35	NICHT DEIN FLUG	B25	ON TIME
14:40	NICHT DEIN FLUG	C14	ON TIME
14:40	NICHT DEIN FLUG	A03	ON TIME
14:40	PADERBORN	A23	DELAYED
14:45	NICHT DEIN FLUG	C08	ON TIME
14:50	NICHT DEIN FLUG	A12	ON TIME

Wahrheit

Wenn wir früh aufstehen wollen

Lüge

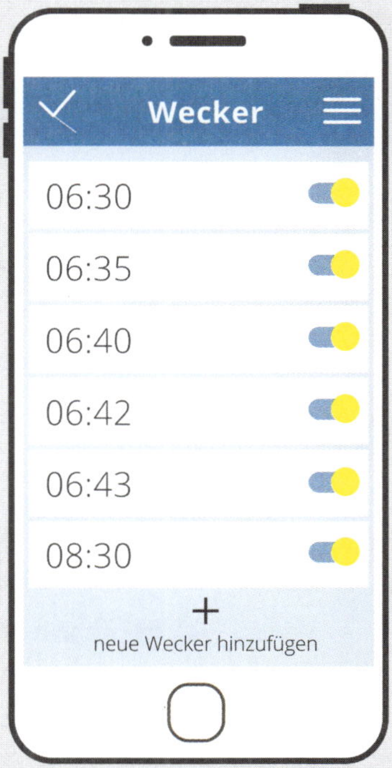

Wahrheit

Was auf Fahrkarten-automaten steht …

… und was auf ihnen stehen sollte

Hinfahrt

Rückfahrt

Gilt bis Sonntag (also bis morgen)

Gilt von 2:00 Uhr bis 3:00 Uhr

2% Ermäßigung im Biermuseum

Wie Hinfahrt, nur andere Farbe

Gilt nur bis zur nächsten Station

Bloß nicht dieselbe Strecke zurück

Das Wochenende beginnt am Samstag

Alle außer Oma

Hat nichts mit Ihrem Gewicht zu tun

Diese Karte gibt es nicht

Das Fußballfeld bei Spielen des FC Bayern

Lüge

Wahrheit

Wie uns die Deutsche Bahn auf dem Laufenden hält

Lüge

Wahrheit

Was in den Sternen steht

Lüge

Was man dazu sagen kann

Wahrheit

Im Büro verstellen sich …

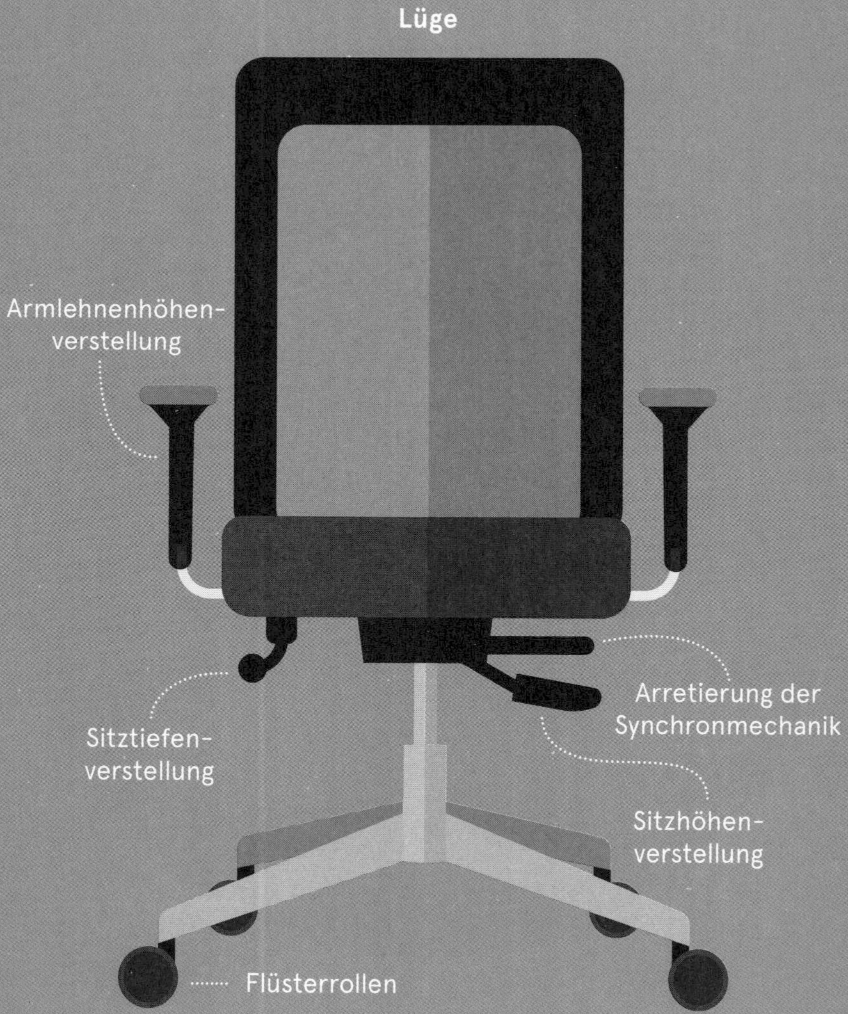

... doch alle

Wahrheit

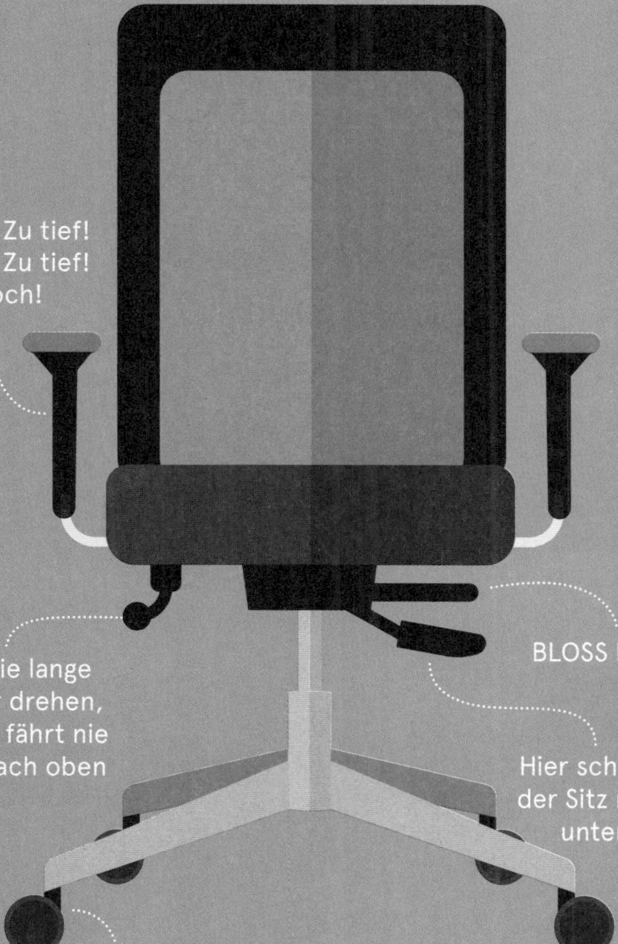

Die Farben der Saison …

Lüge

... und wie sie eigentlich heißen müssten

Wahrheit

Signalstörung

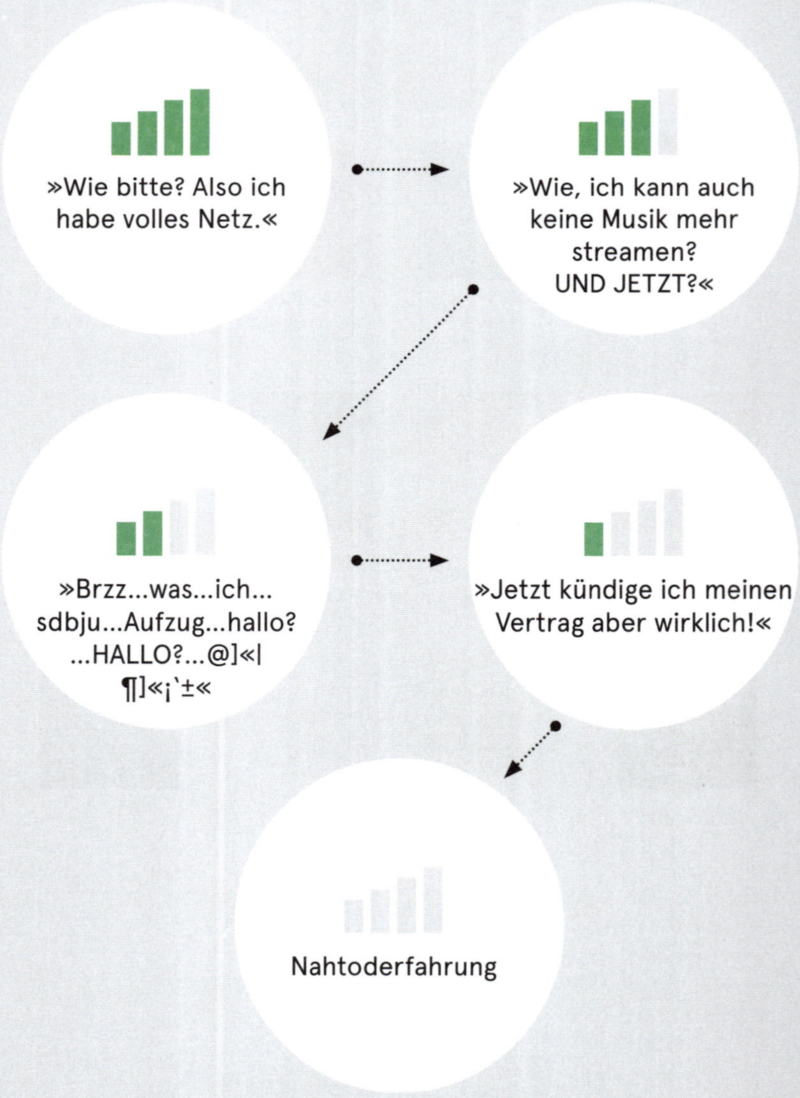

Jedes Mal am Handtuchhalter

Lüge

Wahrheit

Was Fliegeruhren so können

Wir bauen – Sie stauen

Wofür Münzen zunutze sind

Metallschrott

Vergisst man in der Hosentasche und ruiniert damit die Waschmaschine

Passt in keinen Einkaufswagen, egal wie verzweifelt man es probiert

Fehlt immer am Briefmarken-automaten

Hat man nie dabei, wenn eine Fahrkarte 5,20 Euro kostet

Reicht nicht mal für ein Bier beim Discounter

Für AfD-Wähler: zwei Mark

Die einzige Münze, mit der man irgendetwas Brauchbares kaufen kann

Was Reinigungskräfte lesen, wenn wir ausschlafen wollen

Lüge

Wahrheit

Was Nassrasierer versprechen

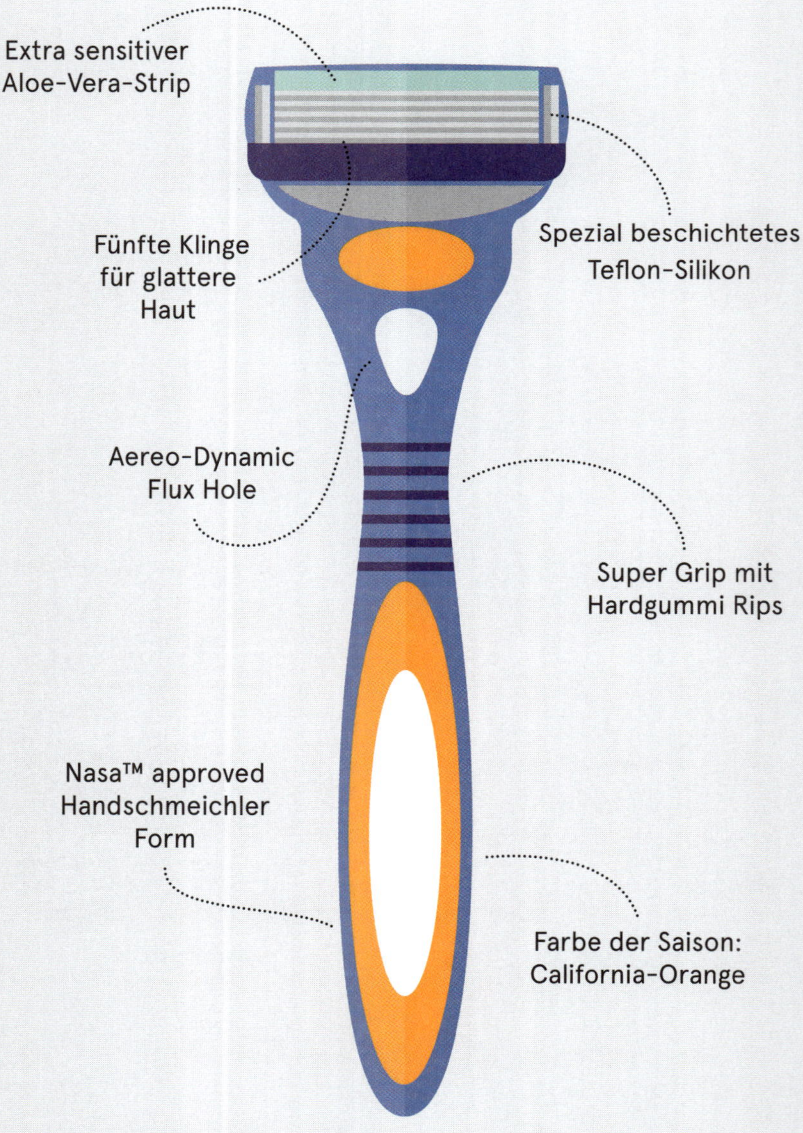

Lüge

Was dahintersteckt

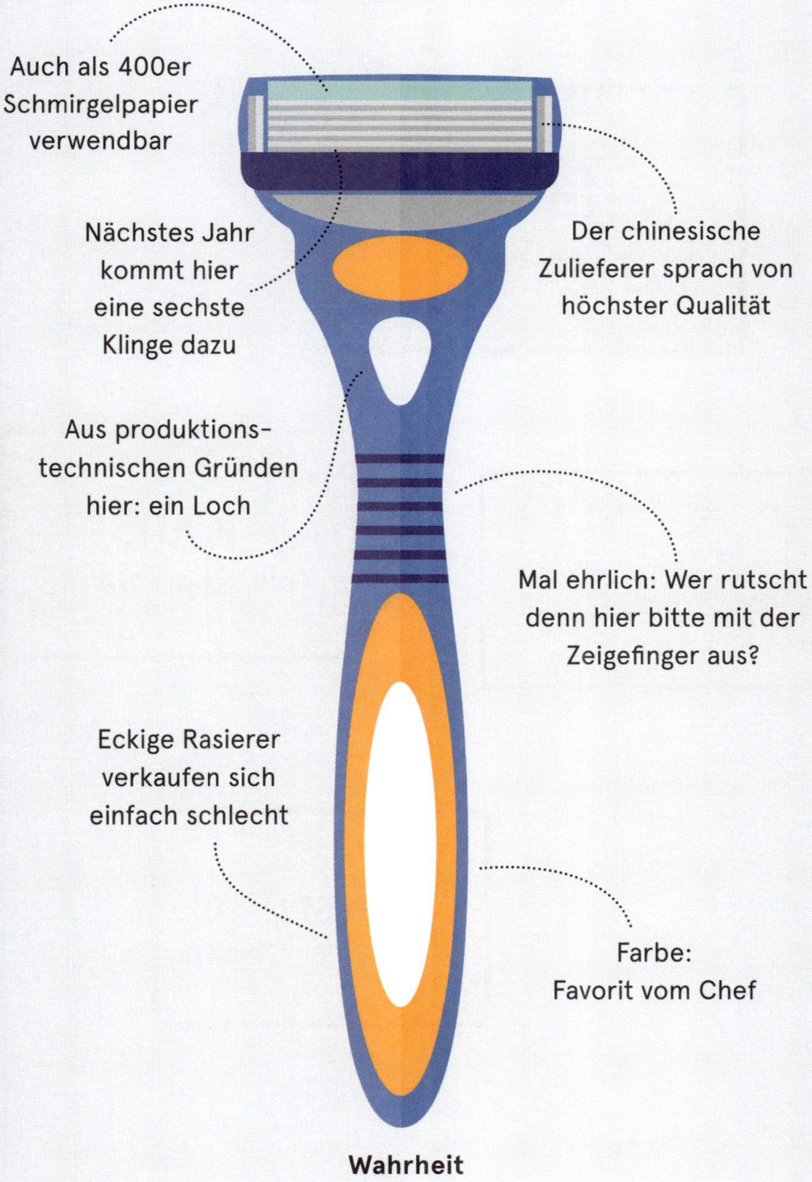

Wahrheit

Was Städteslogans versprechen …

Lüge

... und was die Städte halten

Schnell noch eine Postkarte

Lüge

Wahrheit

Schall und Rauch

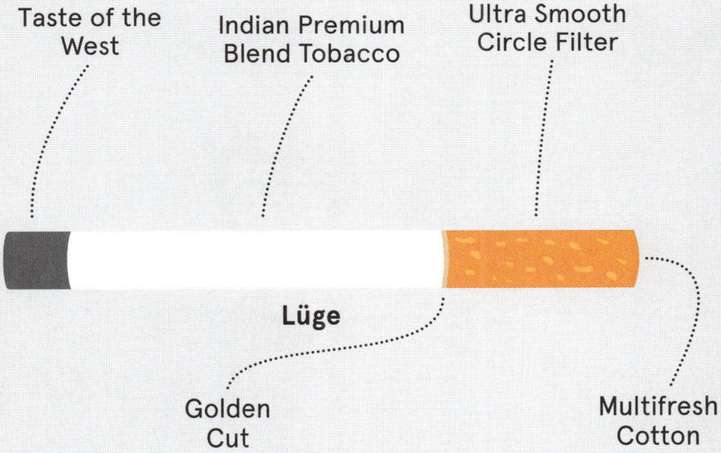

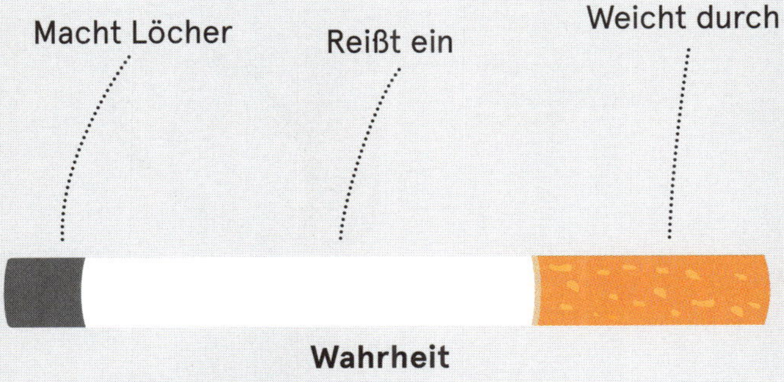

Wie Tiere heißen

Wie Tiere heißen, wenn Papa danach gefragt wird

Wie Menschen reagieren ...

Lüge

... wenn es brennt

Aufzug im Brandfall nicht benutzen!*

*Obwohl wir natürlich vollstes Verständnis dafür hätten, wenn Sie zunächst eine halbe Minute auf den Aufzug warten möchten, um dann gemächlich zum Erdgeschoss zu fahren.

Wahrheit

Das ist der Bürokaffee

Bauernregeln und ihre Zuverlässigkeit

Lüge

Wahrheit

Mit Schirm, Charme ...

... und nasser Hose

Was uns diese Zettel ...

Ihr Paket ist angekommen!

Sehr geehrter Herr / Frau ___________ leider konnten wir Sie heute nicht persönlich antreffen.

☐ Bitte kommen Sie ab dem übernächsten Werktag zu den Öffnungszeiten in die nächste Filiale.

☐ Einer ihrer Nachbarn war so freundlich und hat das Paket für Sie angenommen.
Der Name: ______________________________

☐ Ihr Paket wurde in der nächsten Packstation hinterlegt. Bitte holen Sie es dort mit Ihrem persönlichen Kennwort ab.

☐ Gerne stellen wir die Sendung an einem anderen Zeitpunkt zu. Bitte kreuzen Sie auf der Rückseite ihren Wunschtermin an.

☐ Dies war nun unser letzer Zustellungsversuch. Die Sendung geht zurück an den Absender.

____________ ____________

Datum Unterschrift

Lüge

… an der Tür sagen

Ihr Paket ist fast angekommen!

Sehr geehrter Herr / Frau __________ leider konnten wir Sie heute nicht persönlich antreffen.

- ☐ Bitte kommen Sie ab dem überübernächsten Werktag in die von Ihrer Wohnadresse am weitesten entfernten Filiale des Landes.
- ☐ Wir haben das Paket einem Ihrer Nachbarn vor die Tür gestellt. Den Namen haben wir leider vergessen zu notieren.
- ☐ Falls Sie tatsächlich zu der richtigen Packstation finden, scheitern Sie spätestens an dem 27-stelligen Passwort.
- ☐ Den angekreuzten Zettel können Sie umgehend in den Hausmüll werfen. Er hat keinerlei Einfluss auf den Zustelltermin.
- ☐ Ja, okay, wir haben ihr Paket verloren. Kaufen Sie die blauen Nike Air Größe 43 halt im Laden.

__________ __________

Datum Unterschrift

Wahrheit

Morgens, mittags, abends

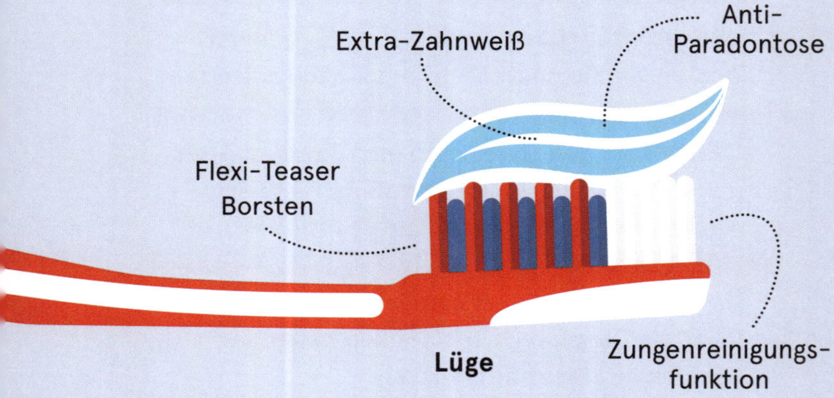

Lüge

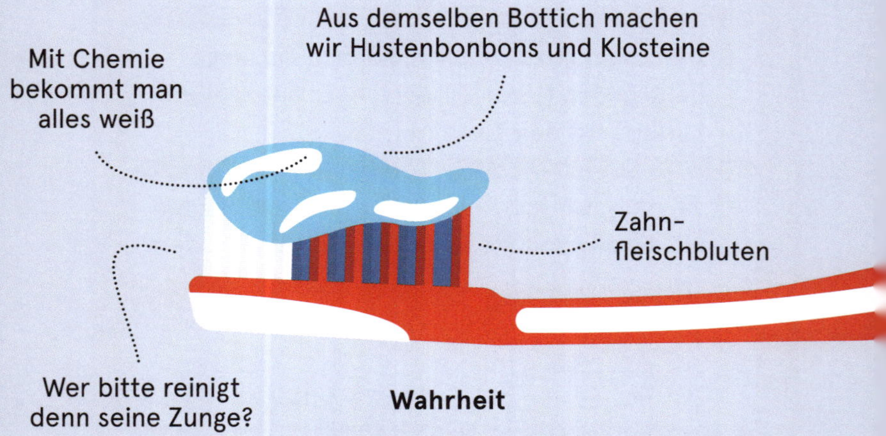

Wahrheit

In der Waschstraße

Glitzi Super Wash

Super Spezial	Vorwäsche, Waschen, Trocknen + Heißwachs Unterboden	24,90 €
Extra	Vorwäsche, Waschen, Trocknen + Heißwachs	19,90 €
Premium	Vorwäsche, Waschen, Trocknen +Unterbodenwäsche	16,90 €
Classic	Vorwäsche, Waschen, Trocknen + Spezialwachs	14,90 €
Basic	Vorwäsche, Waschen, Trocknen	10,90 €

Lüge

Glitzi Super Wash

Super Spezial	Steht nur hier, damit die anderen Programme nicht so teuer wirken	24,90 €
Extra	Wasser, bunter Schaum und Typ, der danebensteht	19,90 €
Premium	Warmes Wasser, bisschen Schaum	16,90 €
Classic	Viel Wasser	14,90 €
Basic	Wasser	10,90 €

Wahrheit

Am Bahnsteig

Lüge

Wahrheit

Stille Post

Leerungszeiten

	Tagesleerungen	Spätleerungen
Montag – Freitag	15:30 17:30	21:00
Samstag	10:30	--:--
Sonntag	10:30	--:--

Sendungen aus allen Tages- und Spätleerungen erreichen die Empfänger bundesweit in der Regel mit der nächsten Zustellung.

Lüge

Leerungszeiten

	Tagesleerungen	Spätleerungen
Montag – Freitag	Irgendwann	--:--
Samstag	Immer 5 Minuten bevor Sie dies hier lesen	Abends? Hahaha!
Sonntag	Haben Sie sonntags schon einmal einen Postboten gesehen?	Guter Humor! Muss man Ihnen schon lassen!

Sendungen aus allen Tages- und Spätleerungen erreichen die Empfänger bundesweit in der Regel mit der nächsten Zustellung. Ausnahmen bestätigen die Regel.

Wahrheit

Wie Tastaturen funktionieren

Wenn man sie wirklich braucht, lässt sie einen im Stich

Für AfD-Wähler: 2 DM

Nein! Das ist nicht die Groß-Mach-Taste

Hat bestimmt eine Funktion

Um hier ein @ zu machen, brauchen Sie immer mindestens vier Versuche

Ist das nicht eine Zigarettenmarke?

Keine Taste wünscht man sich im echten Leben mehr als diese

Sieht schöner aus als der Pfeil eins drüber

Altgriechisch? Ich hatte doch Französisch

Oben, oben, links, rechts, oben: Spezialangriff bei Streetfighter 2

Ich muss noch …

Lüge

… schnell zur Bank

Geldautomatfunktionsübersicht

100 Euro in 15 Scheinen	Aber leider nicht den Akku
Unnütz	Werden Sie nicht brauchen
Lieber nicht nachschauen	Was wollen Sie denn noch?
Sorry! Not available	

1	2	3	Abbruch
4	5	6	Korrektur
7	8	0	Bestätigung
*	0	#	Funktionslos

Wahrheit

Was Omas Handy meldet – und was sie daraus liest

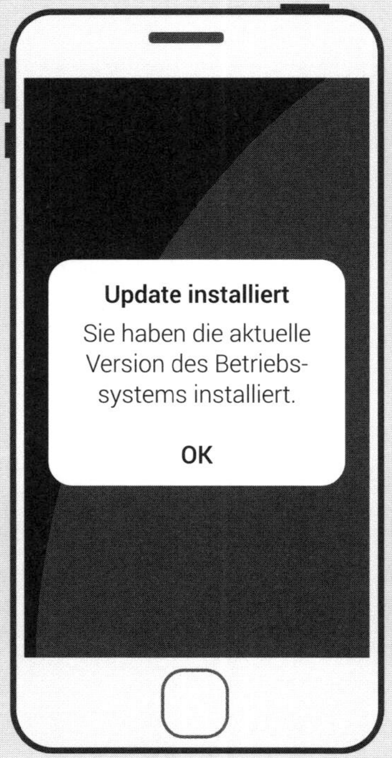

Lüge

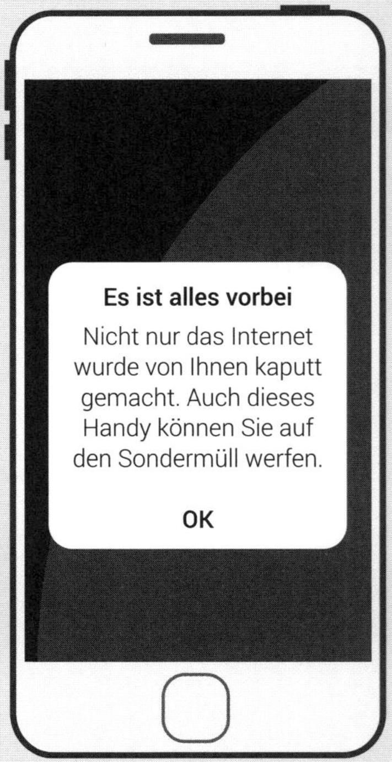

Wahrheit

Was Gartengeräte wirklich bearbeiten

Nur noch ein Bärchen

Lüge

Nur noch, noch ein Bärchen

Wahrheit

Wie Bands und ihre Hits …

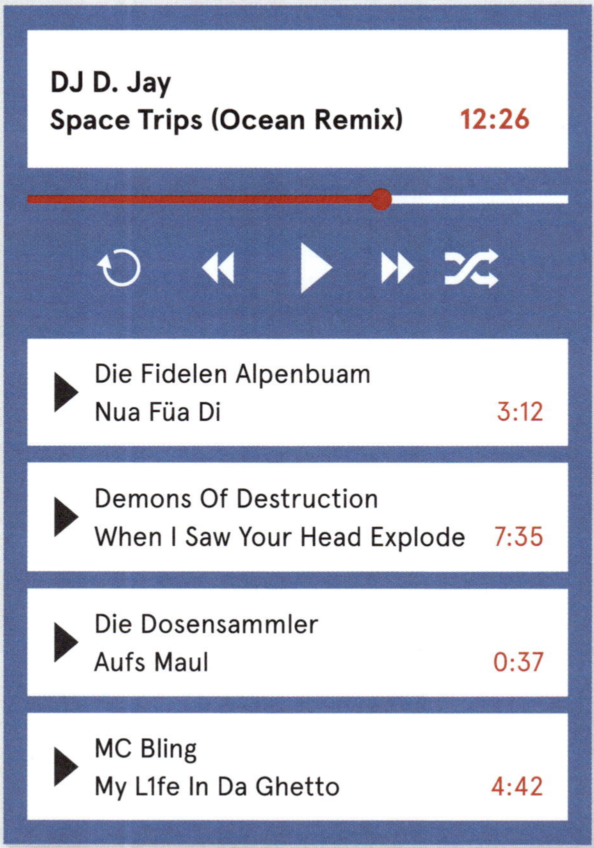

Lüge

… wirklich heißen müssten

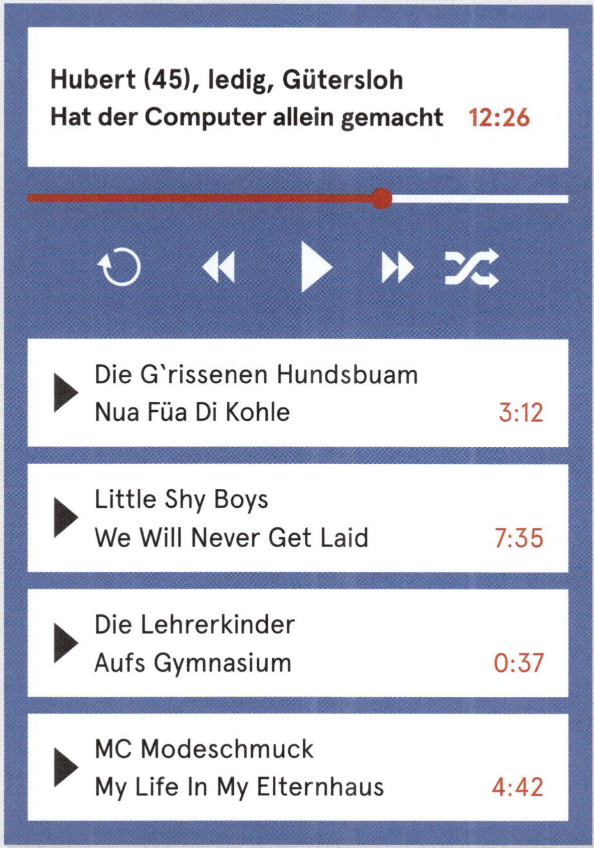

Wahrheit

Was auf dem Bus steht, auf den man lange gewartet hat

Lüge

Und was das im Klartext bedeutet

Wahrheit

Wie Schneemänner aussehen

Lüge

Wahrheit

Wie man Schlafsofas ausklappt

Lüge

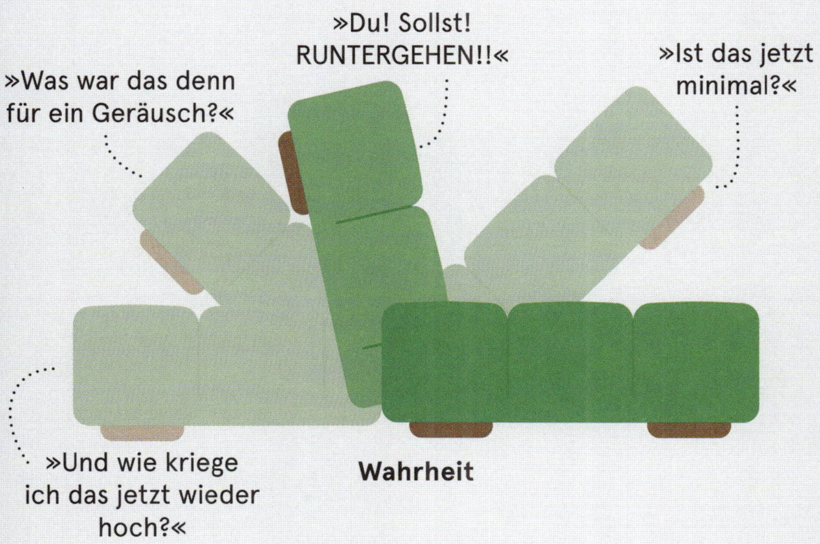

Wahrheit

Börsenkurs

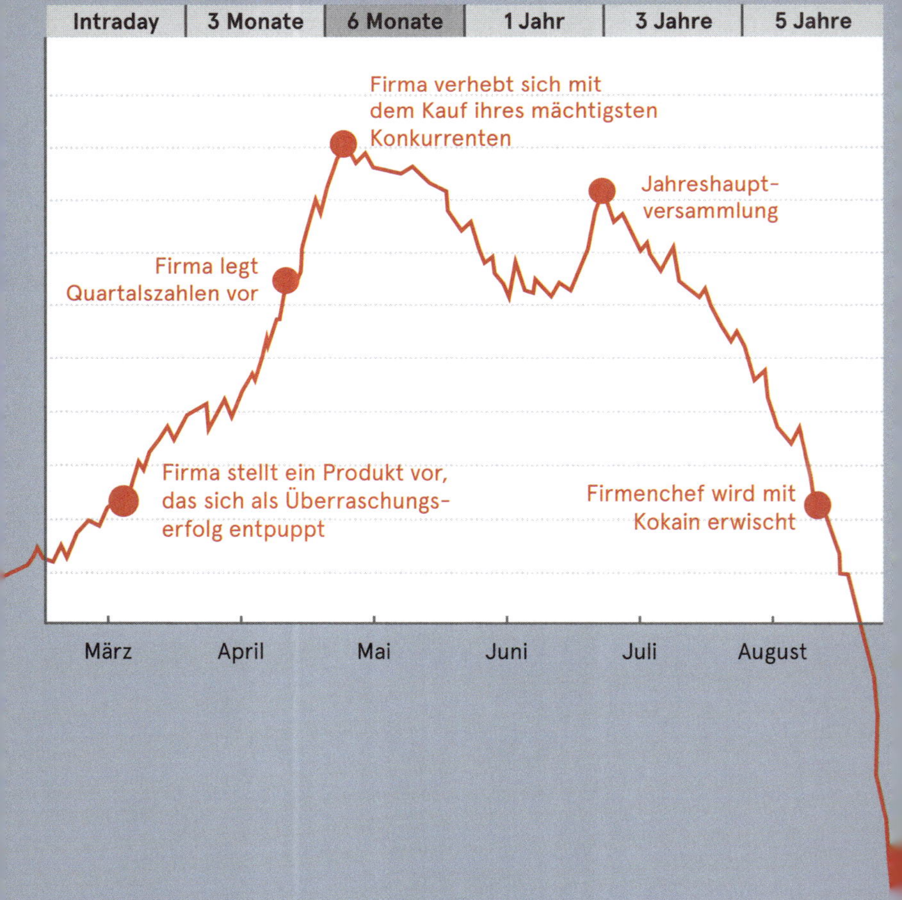

Lüge

Crashkurs

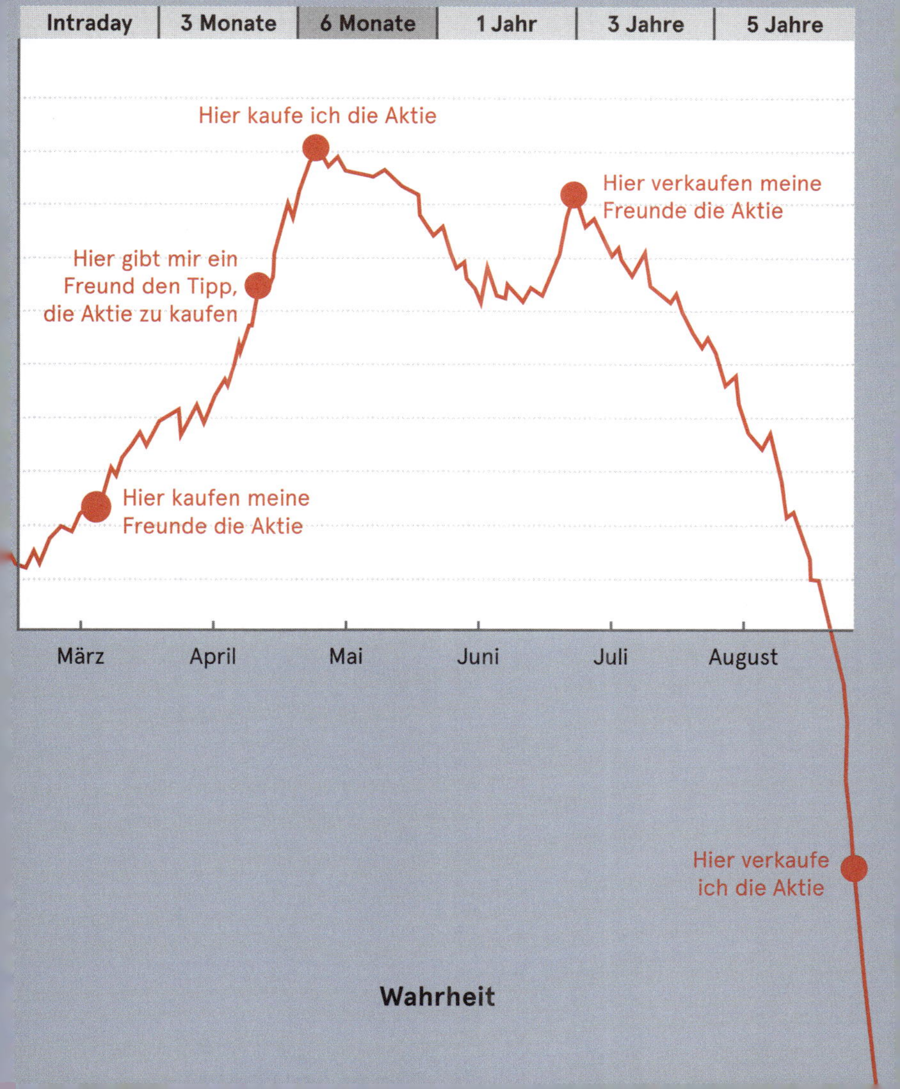
Intraday
3 Monate
6 Monate
1 Jahr
3 Jahre
5 Jahre
Hier kaufe ich die Aktie
Hier verkaufen meine Freunde die Aktie
Hier gibt mir ein Freund den Tipp, die Aktie zu kaufen
Hier kaufen meine Freunde die Aktie
März
April
Mai
Juni
Juli
August
Hier verkaufe ich die Aktie
Wahrheit

Wie wir unsere Kopfhörer in die Tasche stecken

Wie unsere Kopfhörer aus der Tasche kommen

Was und die Kirchturmuhr sagen möchte ...

... wenn die
Stunde schlägt
Gooonnnggg! Warte nur, um Mitternacht wird es noch lauter!
HÖRST DU? GGOOOOOOON NNNNNN NNGGG
Goong! Gott schläft auch nicht!
Gong! Du willst doch jetzt nicht schlafen?
Wahrheit

Die Wahrheit …

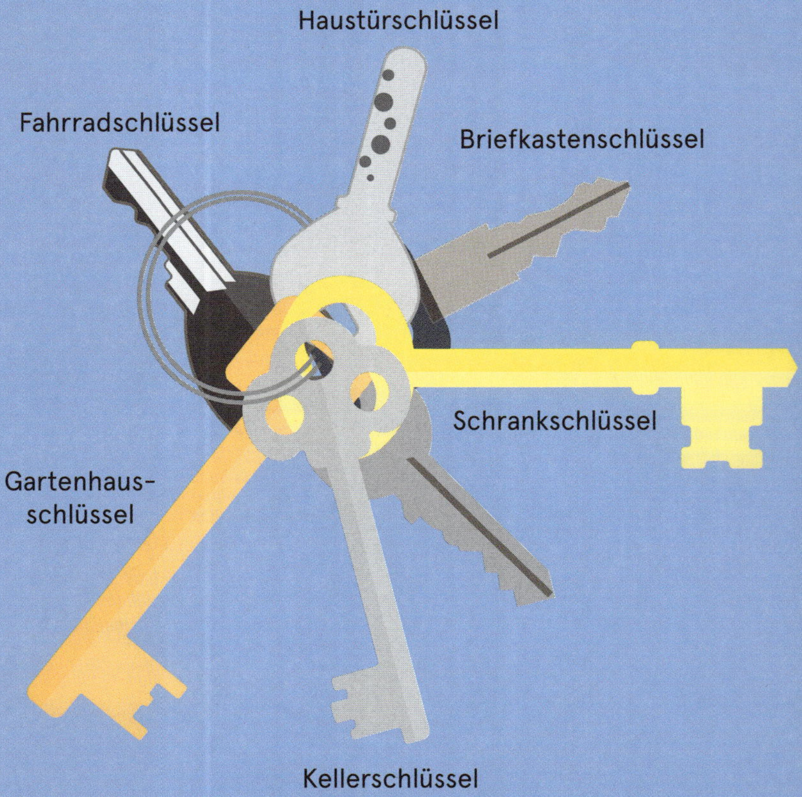

Lüge

… hinter dem Schlüsselbund

Schachmatt

Lüge: Bauer
Wahrheit: Wozu braucht man die überhaupt?

Lüge: Läufer
Wahrheit: Wird sofort geschlagen, wenn er jemanden geschlagen hat.

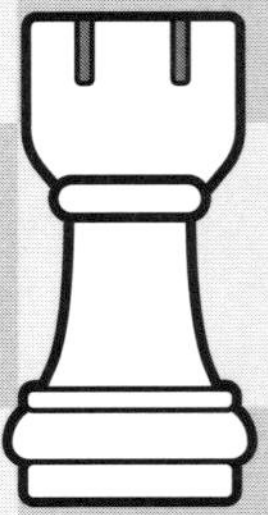

Lüge: Turm
Wahrheit: Wie ging nochmal diese Rochade?

Lüge: König
Wahrheit: Von so einer Mimose will man nicht regiert werden.

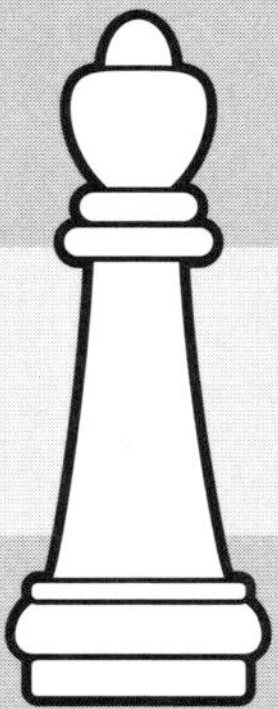

Lüge: Dame
Wahrheit: Der wahre König!

Lüge: Pferd
Wahrheit: Also, erst zwei nach hier, dann eins nach da, oder?

Nicht ganz bei Toast

Wie ein Buch im Internet bewertet wird

Baby an Bord!: 133 kleine Lügen des Alltags - und was sie wirklich bedeuten – März 2017

von Marc Schürmann, Till Krause, Manuel Kostrzynski

★☆☆☆☆ »Wer bitte braucht sowas???«

★★☆☆☆ »Kann man machen, muss man aber nicht.«

★★★☆☆ »Hab schon Besseres gelesen.«

★★★★☆ »Kann ich nur weiterempfehlen.«

★★★★★ »Fantastisch - ein wirklich bedeutendes Werk.«

Lüge

Was die Bewertungen bedeuten

Baby an Bord!: 133 kleine Lügen des Alltags - und was sie wirklich bedeuten – März 2017

von Marc Schürmann, Till Krause, Manuel Kostrzynski

★☆☆☆☆ »Hab's nicht gelesen, finde den Titel aber doof.«

★★☆☆☆ »Hab's nicht gelesen, aber zu allem eine Meinung.«

★★★☆☆ »Hab's geschenkt bekommen und gleich ins Regal gestellt.«

★★★★☆ »Hab's geschenkt bekommen, durchgeblättert und weiterverschenkt.«

★★★★★ »Ich hab's geschrieben.«

Wahrheit

Überübernächstes Quartal hätten wir noch was frei

Lüge

Wahrheit

Also unsere Sophia-Marie ist ja totaaaal musikalisch

Lüge

Weihnachtsgeschenk 2016 ->
Mitglied des London Philharmonic Orchestra 2026

Wahrheit

Weihnachtsgeschenk 2016 -> Streit -> Ehekrise -> Tränen -> Sammelklage der Nachbarschaft

Ich muss mal wieder zum Friseur

Wäre ich lieber nicht mal wieder zum Friseur

Botanik für Anfänger

Laubbaum

Laubbaum

Laubbaum

Laubbaum

Leider kein Hanf

Bier her, Bier her, oder ich fall um

Lüge: Maßkrug
Wahrheit: Absurd viel Bier

Lüge: Weißbierglas
Wahrheit: Glas voller Schaum, Flasche noch halbvoll

Lüge: Berliner Weiße
Wahrheit: Bier mit Sirup? WTF?

Lüge: Stiefel
Wahrheit: Ein Glas gewordener Herrenwitz

Lüge: Pilstulpe
Wahrheit: Unmöglich, dieses Papierdings nicht abzufriemeln

Lüge: Kölschglas
Wahrheit: Absurd wenig Bier

Verschlusssache

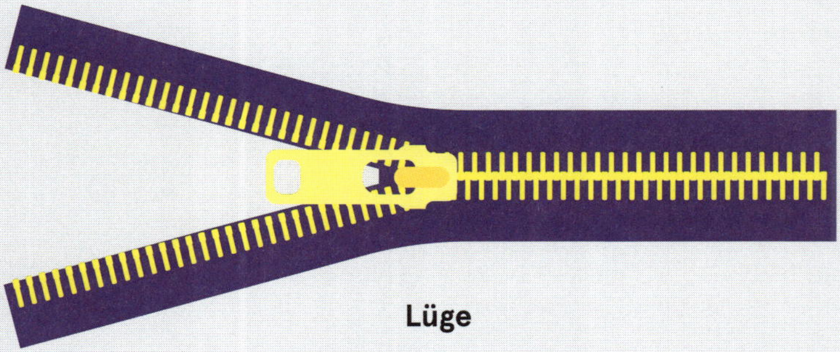

Lüge

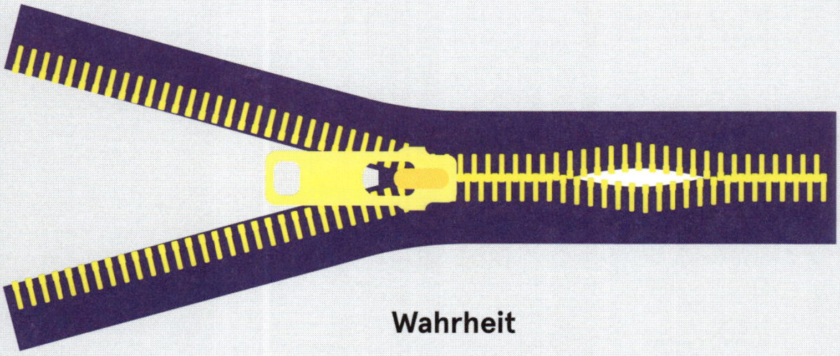

Wahrheit

Die Wahrheit der Versichertenkarte

Lüge

Wahrheit

* Falls Sie folgende Leistungen aus eigener Tasche bezahlen: Physiotherapie, Psychotherapie, Brille, Zahnersatz, Impfung, Narkose

Wenn Ihre Parkscheibe …

Lüge
Ich bin um 18 Uhr
angekommen

… die Wahrheit sagen könnte

Wahrheit
Ich bin um 17:30 Uhr
angekommen

Mir stinkt's gewaltig!

Tapetenwechsel

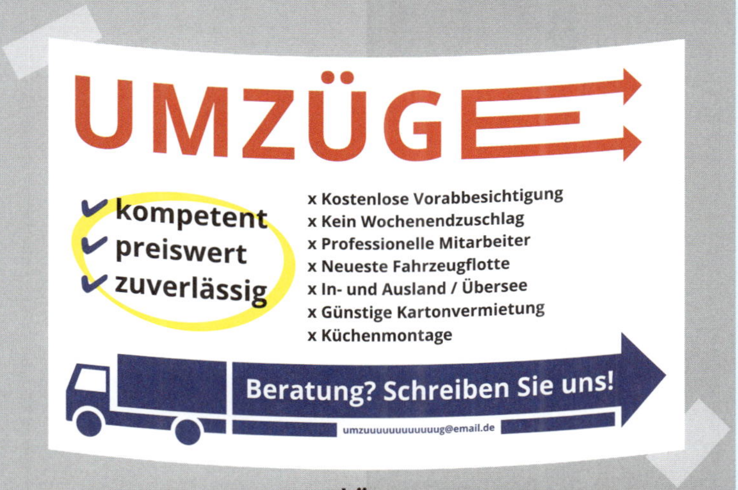

Lüge

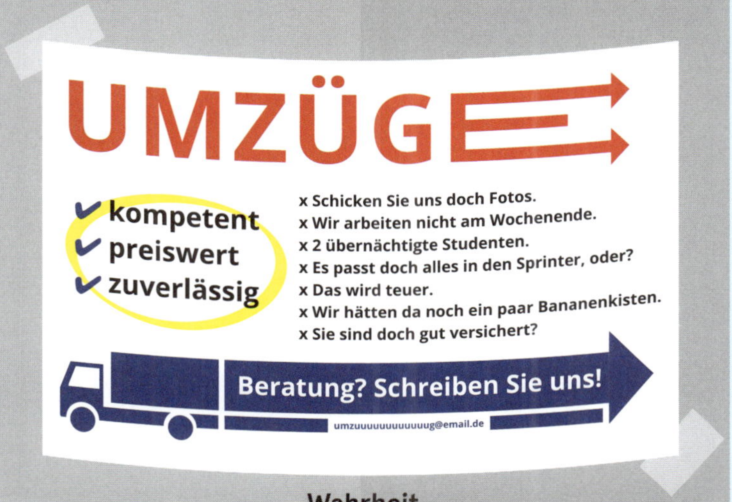

Wahrheit

Was Ihnen Reiseveranstalter versprechen …

Reise-Fit
Ihr Erlebnisexperte

Wunderbares Afrika

KENIA

14-tägige Gruppenreise

Unvergessliche »Dream-Holidays« in der Wiege der Menschheit. Gehen Sie auf eine grandiose Safari oder lassen sich von einheimischen Künstlern in die aufregende Welt Afrikas entführen.

In Ihrer Reise inbegriffen:

- Essen und Getränke
- Spannende Bustouren
- deutschsprachige Reiseführung
- Begrüßungscocktail

pro Person im Einzelzimmer

4.699,-

Lüge

... und was sie halten

Reise-Fit
Ihr Erlebnisexperte

Wundbrand in Afrika

KENIA

14-tägige Gruppenreise
(Anreise 5 Tage, Aufenthalt 4 Tage, Rückreise 5 Tage)

Unvergessliche Darmbakterien in der Wiege der Menschheit. Gehen Sie auf eine moralisch verwerfliche Schießtour und lassen sich von aufgekratzt trommelnden Mitreisenden in die Welt des Tinnitus entführen.

In Ihrer Reise inbegriffen:
- Essen und Getränke (Wasser und Salzstangen)
- Stau bei 46 Grad
- Parlez-vous français?
- 0,2l Pils (Import, warm)

pro Person im Moskitonetz

4.699,-

Wahrheit

Immer den Ball flachhalten

Lüge

International Grip Performance Master

Wahrheit

Dies ist ein Ball. Du wirst genauso drüber stolpern wie letzten Sonntag kurz vor deinem Eigentor.

»PIN zweimal inkorrekt. Wollen Sie fortfahren?«

Lüge

Wahrheit

Die Wahrheit des Kaffees

Die wahren Namen von Insekten

Schlimmstes Tier der Welt. Ach nee, halt. Das ist ja eine Biene.

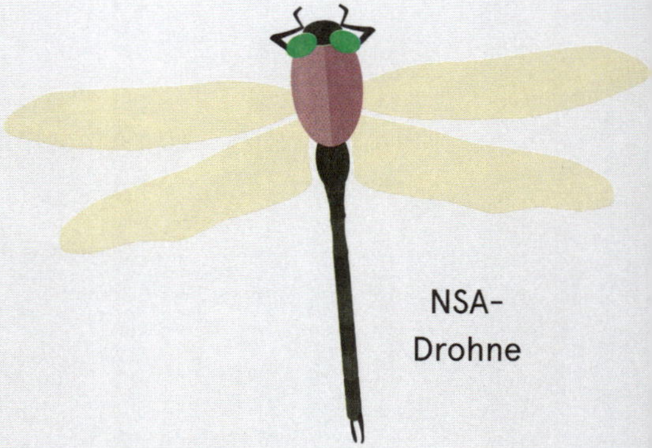

NSA-Drohne

Kniffel!

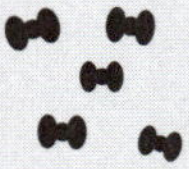

Tie-Fighter

Dingskäfer

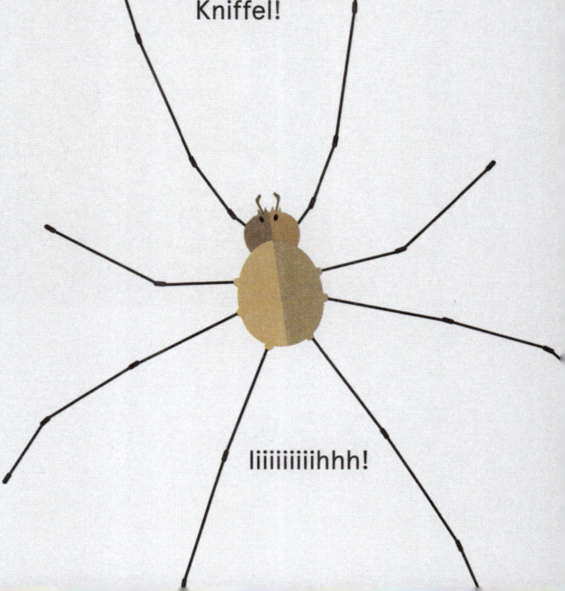

Iiiiiiiiiihhh!

Was Kleidergrößen bedeuten

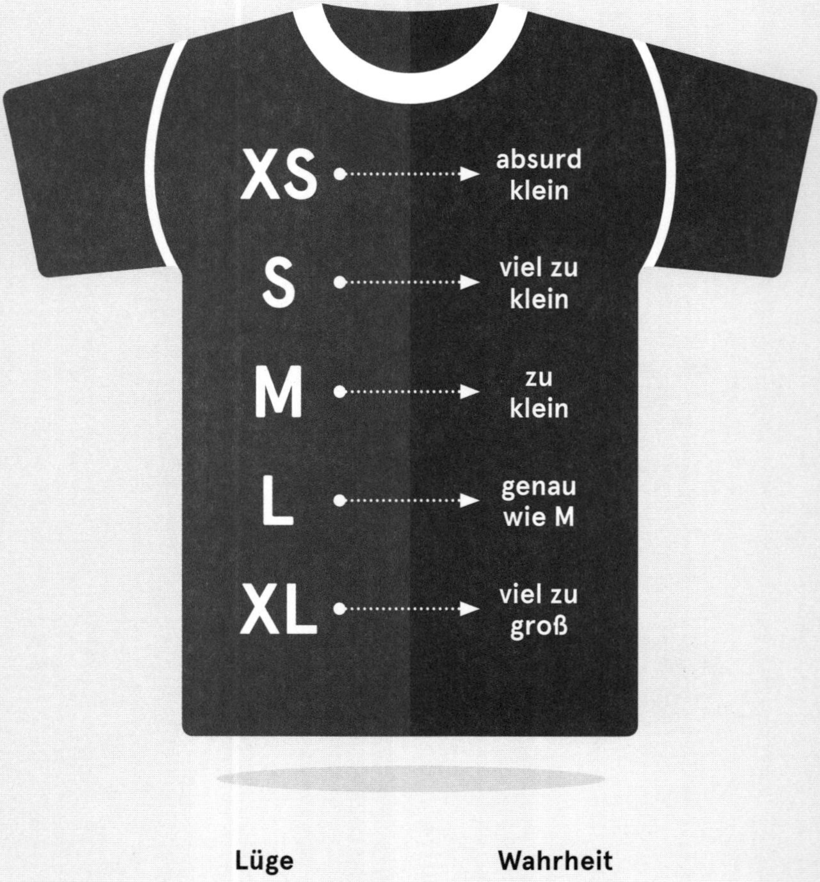

Ehrlicher Cocktail

Womit Reisebusse werben

Lüge

Und die Wahrheit dahinter

Wahrheit

Was man so alles …

… mit sich herumträgt

Ach, ist doch egal, welche Schrift du nimmst

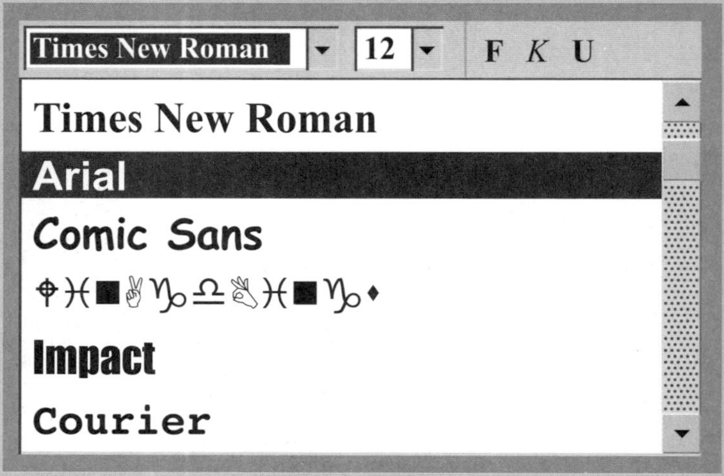

Lüge

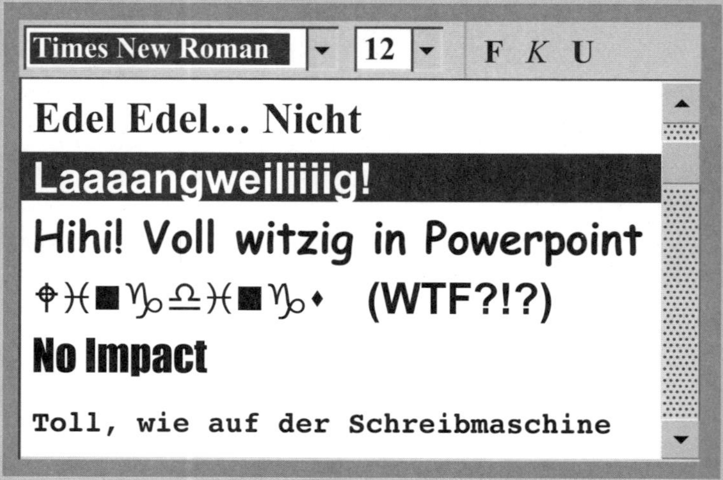

Wahrheit

Haarsträubend

Lüge

Wahrheit

Erfolgsaussichten beim Dart

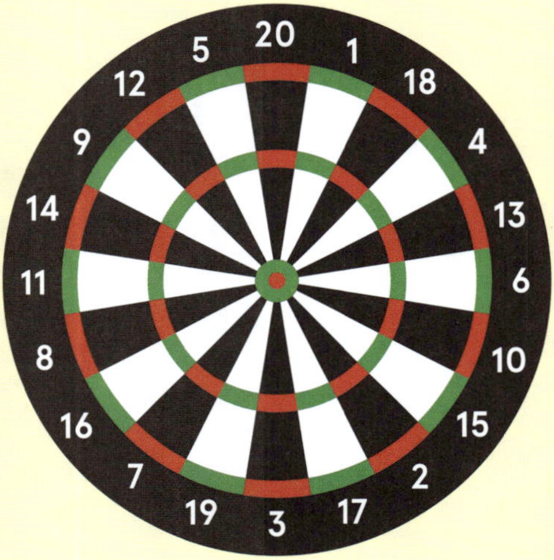

Lüge

Wahrheit

So geht Online-Shopping

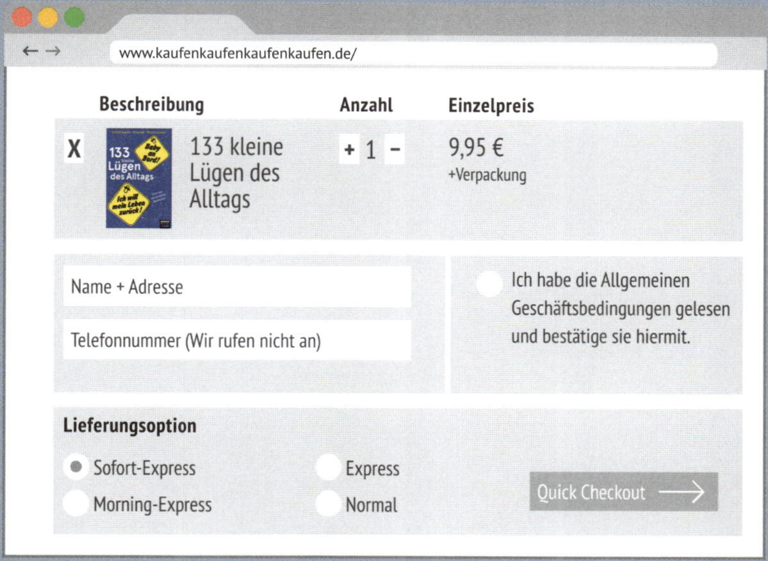

Lüge

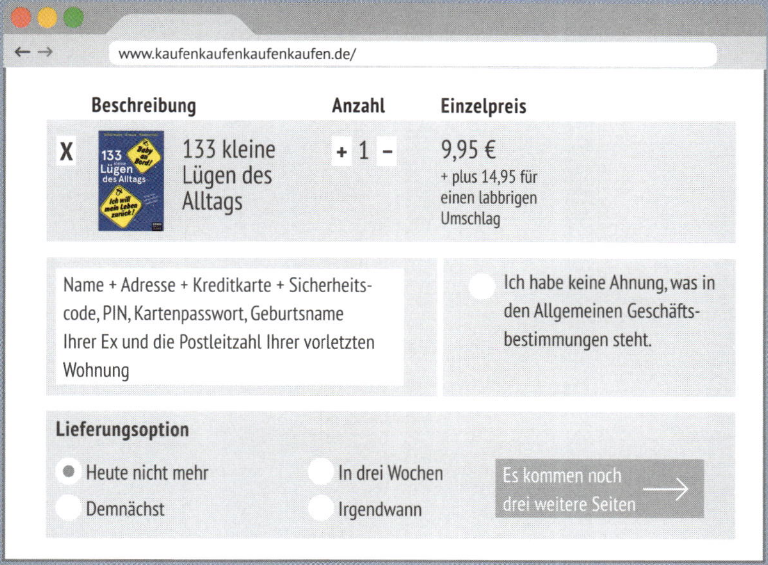

Wahrheit

Was Energiesparlampen leisten

Lüge

Warmer Lichtton

Wahrheit

Erst stockfinster, nach einer Minute halbdunkel

Spinatauflauf in der Kantine

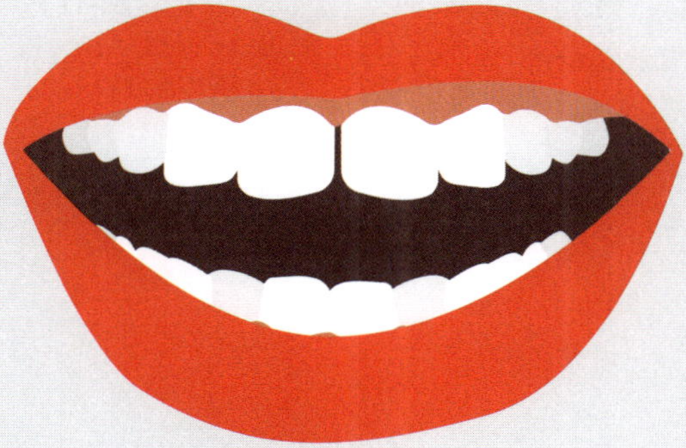

Wenn man alleine isst

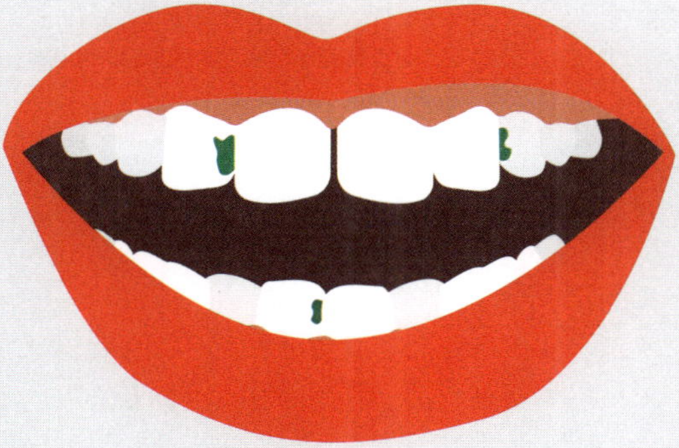

Wenn man mit dem Chef isst

Was die Knöpfe am Autoradio bedeuten

Was Produkte verschweigen

ZUTATEN KARTOFFELPÜREEPULVER, PFLANZLICHES FETT, MAISMEHL, WEIZENSTÄRKE, MALTODEXTRIN, EMULGATOR: E471; SALZ, REISMEHL UND DEXTROSE.

Lüge

Kartoffelchips

ZUTATEN FETT, SALZ, REST WILLST DU NICHT WISSEN.

Wahrheit

ZUTATEN: WASSER (75%), ALUMINIUMCHLOROHYDRAT (48%), ISOCETETH-20 (12%), BUTYLENE GLYCOL (8%), DICAPRYLYL ETHER, GLYCERYL ISOSTEARATE, LAURETH-7 CITRATE (12%), PARFÜM, PALMITAMIDOPROPYLTRIMONIUMCHLORID, PROPYLENGLYKOL, PEG-150 (24%)

Lüge

Deo

ZUTATEN: Gift

Wahrheit

Wie Filme heißen müssten

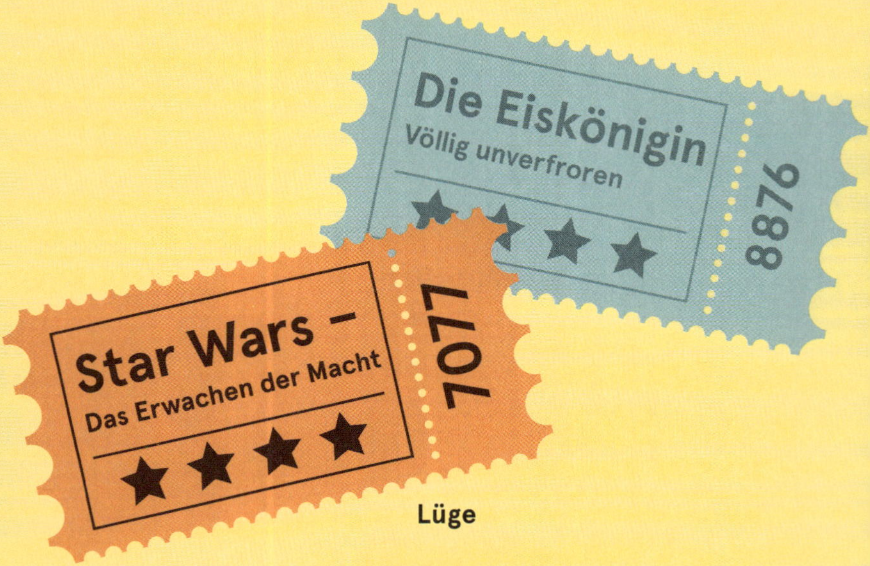

Lüge

Wahrheit

Fingerabdrücke heute

Lüge
Hochsensibler Teil der Privatsphäre, den man keiner Behörde, Firma oder anderen Datenkraken je überlassen würde

Wahrheit
Außer der 24-Stunden-Videothek; um das Handy zu starten; und wenn man für ein paar Tage in die USA möchte

Meteorologie für Anfänger

WENN SIE …
an diesem Wochenende die neue Staffel Ihrer Lieblingsserie am Stück schauen wollen: 32 Grad, nur Sonnenschein.

WENN SIE …
sich entschieden haben, Ihre lang geplante Grillparty nicht zu verschieben: Hagel, Sturm, Apokalypse.

Reifen flicken ist ganz einfach

Samstag 13 Uhr

Samstag 14:45 Uhr

Samstag 14:48 Uhr

Das muss ich mir unbedingt merken

Raum für Notizen

Lüge

Sie werden sich überall Notizen machen, auf Servietten, auf Quittungen, den Händen, auf Wänden, ja sogar auf Klopapier – aber garantiert niemals hier

Wahrheit

Danksagungen

Lüge

Unseren Familien, unserem Literaturgenten und dem Verlag. Ohne euch wären wir nichts.

Wahrheit

Unseren Familien, die den Sinn dieses Buches noch immer nicht verstehen.

Unserem Literaturagenten. (Zwei von uns kennen dich nicht persönlich. Schürmann und er könnten auch dieselbe Person sein.)

Dem Verlag. (Wir warten noch immer auf das gemeinsame Mittagessen in Köln. Ihr seid doch die aus Köln, oder?)

Dem Snackautomaten im Erdgeschoss.

Der Funktion Apfel-Z.

Die Autoren

Manuel Kostrzynski, 37, ist Grafiker (Süddeutsche Zeitung / NEON-Magazin) und passionierter Bierbrauer*.

*Na ja Bierbrauer. Er hat sich schon ein Buch über Heimbrauen besorgt und spricht seit Monaten davon, bald anzufangen. Bald fängt er damit an.

Till Krause (36) ist Redakteur beim Süddeutsche Zeitung Magazin und lebt mit seiner Frau und zwei kleinen Kindern in München*.

*Na ja, innerhalb der Stadtgrenzen, okay. Aber an seinen letzten Besuch in der Innenstadt kann er sich kaum noch erinnern.

Marc Schürmann, 40, ist Textchef beim Süddeutsche Zeitung Magazin. Er lebt mit seiner Familie, darunter vier Kinder, in München.* Für seine Reportagen und Glossen wurde er vielfach ausgezeichnet.

*Ausschlafen. Bitte. Nur einmal im Jahr.